# LIVRE DO CIGARRO
## Em forma e com saúde para sempre

Dagmar von Cramm — Jenny Levié

# LIVRE DO CIGARRO
### Em forma e com saúde para sempre

**Tradução**
Peterso Rissatti

LAROUSSE

Título do original: *Stop smoking stay slim*
Copyright © 2007 by Diana Verlag, München, inder Verlagsgruppe Random House GmbH
Copyright © 2009 by Larousse do Brasil
Todos os direitos reservados
Nenhuma parte deste livro pode ser reproduzida sob quaisquer meios existentes sem autorização por escrito dos editores.

Publicado em primeira edição sob o título *Pare de Fumar Agora, Fique em Forma Sempre*, em 2009.

**Edição brasileira**

**Publisher** *Janice Florido*
**Edição** *Isney Savoy*
**Preparação de texto** *Maiza Prande e Walter Sagardoy*
**Revisão** *Eloá Santos*
**Capa** *Criativo Mercado*
**Diagramação** *Linea Editora Ltda.*
**Produção gráfica** *Maykow Rafaini*

**Dados Internacionais de Catalogação na Publicação (CIP)**
**(Câmara Brasileira do Livro, SP, Brasil)**

Cramm, Dagmar von
Pare de fumar agora fique em forma sempre / Dagmar von Cramm, Jenny Levié ; tradução Peterso Rissatti. -- São Paulo : Larousse do Brasil, 2009.

Título original: Stop smoking stay slim.
ISBN 978-85-7635-897-8

1. Hábito de fumar - Interrupção - Programas 2. Tabaco - Hábito - Tratamento I. Levié, Jenny. II. Título.

09-07308            CDD-362.2967

**Índices para catálogo sistemático:**

1. Tabagismo : Vício : Abandono : Problemas sociais    362.2967

1ª edição brasileira: 2009
Direitos de edição em língua portuguesa, para o Brasil, adquiridos por
Larousse do Brasil Participações Ltda.

Av. Profa. Ida Kolb, 551 - 3º andar - São Paulo - SP - CEP 02518-000
Tel.: 55 11 3855-2290 / Fax: 55 11 3855-2280
atendimento@larousse.com.br - www.larousse.com.br

# Sumário

Prefácio ................................................... 7

**CAPÍTULO 1 Métodos para parar de fumar** ............... 9
A hora H .................................................. 10
Motivada pelo método certo ........................... 12
Livre do cigarro em seis horas — o método Allen Carr ..................................................... 14
Espetadinha — pare de fumar com acupuntura .... 15
Mudança nos rituais — a terapia comportamental . 16
Imagens de uma vida sem cigarros — hipnoterapia moderna .................................................. 23
Mais uma ajudinha — a homeopatia ................. 26

**CAPÍTULO 2 Como fumar muda nosso corpo** ............ 29
Mitos do fumante ....................................... 30
Como a nicotina influencia o consumo de calorias . 30
Que acontece com o apetite? .......................... 32
A saúde deixada de lado ............................... 34
Por que não fumantes parecem mais jovens? ....... 35
Que acontece quando paramos de fumar? .......... 36

**CAPÍTULO 3 Drible o cigarro** ................................ 39
Mantenha seu peso ..................................... 40

Engordar pode ser facilmente evitável.............. 41
Comer certo ajuda, e muito!.................. 42
Aumente sua necessidade de energia!.............. 43
Ponha um freio em seu apetite................. 46
Liberte-se: desintoxicação e digestão.............. 51
Aproveite o sono e o relaxamento................ 54
Crie novos hábitos........................ 55
Exercícios queimam mais calorias que o cigarro... 59

CAPÍTULO 4  A dieta *Pare de fumar agora*.................. 61
As oito regras *Fique em forma*................ 62
1ª Semana: o pontapé inicial para a digestão...... 71
2ª Semana: a harmonia do metabolismo............ 97
3ª Semana: a desintoxicação de dentro para fora. 121
4ª Semana: o fortalecimento da imunidade e a estabilidade nervosa...................... 145

CAPÍTULO 5  No futuro: corpo esbelto, sem nicotina..... 169
Daqui para frente....................... 170

CAPÍTULO 6  Exercícios: fique em forma sem ganhar peso................................. 175
Programa de treinamento e relaxamento para ex-fumantes............................... 176

Agradecimentos................................. 191

# Prefácio

Uma grande maioria dos fumantes deseja livrar-se do vício, porque, além de comprovadamente fazer mal à saúde, cada vez mais seu espaço vêm sendo restringido, já que não é mais possível fumar em restaurantes, em shopping centers, em transportes e prédios públicos, sem falar que fumar deixou de ser elegante há muito tempo.

Preocupados com a saúde, as pessoas também se perguntam: "Se parar, será que conseguirei manter meu peso?"

Em meu trabalho como estudiosa e consultora em nutrição dietética, posso afirmar que esse medo de engordar não é infundado, pois o consumo de nicotina costuma diminuir o apetite e as necessidades calóricas do indivíduo. Assim, ao abandoná-la, o efeito é o oposto: eleva-se a necessidade por calorias, aumentando o apetite. Portanto, quem para de fumar e não muda os hábitos alimentares, sem dúvida, engorda.

"Deve ser possível poder parar de fumar e, mesmo assim, continuar esbelta, não?"

Foi baseada nesse questionamento que surgiu a ideia deste livro como um conceito inovador, aplicável a todos: uma escolha entre vários programas antitabagismo acompanhada por uma dieta, concebida sob medida para as necessidades de ex-fumantes. Assim, é possível se libertar do tabagismo sem precisar temer os terríveis *pneuzinhos* ou quilos extras. A combinação correta da alimentação e exercícios físicos permitirá que você viva bem, sem gula, mantendo a silhueta e a disposição para todas as suas atividades diárias.

Acredite, você pode!

DAGMAR V. CRAMM
JENNY LEVIÉ

# Capítulo 1

# MÉTODOS PARA PARAR DE FUMAR

# A hora H

Anos atrás — acho que há uns dez, pelo menos — as pessoas sempre me faziam esta pergunta: "Por que você fuma?" Quando penso naquela época, percebo que eu era mestre em me enganar. Minha resposta padrão era: "Fumo para não ganhar peso, pois gosto demais de comer, especialmente doces". E não era a única com esse argumento. Muitas de minhas amigas não paravam de fumar pelo mesmo motivo.

Muitas noites conversávamos sobre como seria bom não pegar mais em um cigarro, mas nenhuma de nós ousava dar esse passo. Lá estava sempre o medo de ganhar um ou outro quilinho extra, e não entrar mais naquela saia bem justa, superelegante, ou na linda calça de cintura baixa. Todos sabiam que engordar era o destino de quem deixasse o cigarro. Quando alguém se permitia fazê-lo, quase sempre eram amigos, os que não se importavam em ganhar peso.

Mas seria possível que alguém decidisse não renunciar ao vício de fumar, tão prejudicial à saúde, apenas pelo medo de engordar? Essa questão não me deixava em paz. Um dia recebi um estudo nipo-americano, no qual foram entrevistadas 273 garotas entre 12 e 15 anos, fumantes e não fumantes. De acordo com essa pesquisa, 93% das garotas fumantes entrevistadas disseram que seria mais importante para elas serem magras, e apenas 7% das não fumantes se posicionaram da mesma forma. Além disso, as fumantes declararam que as informações sobre a saúde não lhes causavam nenhum impacto, pois prefeririam seguir o padrão de silhueta determinado pela opinião pública. Esse comportamento me deixou intrigada.

Pouco tempo depois, conheci uma modelo de 20 anos de idade e perguntei-lhe se era verdade o que se lia nos jornais, isto é, se toda modelo fumava para manter a forma. Ela confirmou, mas acrescentou que ela já havia parado havia alguns meses, mas sem passar fome. Tendo, inclusive, perdido cinco quilos. O segredo: comer em intervalos regulares e praticar esportes. Esse encontro me motivou a observá-la de perto. A garota não fumava havia um ano e meio. Deixara de lado a *fumadinha* rápida, antes do quindim, e desistira do cafezinho e cigarro com as amigas na cozinha. Eu, porém, ao contrário daquela modelo, engordei quase três quilos quando parei de fumar e precisei de um esforço sobre-humano para perdê-los. Se conhecesse a dieta deste livro, não teria tido esse problema. Como eu mesma testei a dieta *Pare de fumar agora* como cobaia, intensificou-se aquilo que eu, ex-fumante recente, tanto buscava: senti-me leve, em forma, e pude finalmente respirar aliviada. Ainda hoje sinto esse prazer todos os dias. E mais que prazer, orgulho. Muito orgulho. Pois alguém que conseguiu deixar o vício do cigarro, olha para aquele que ainda fuma com um pouco de pesar. O que sempre me confortou foi o fato de minha decisão ter diminuído drasticamente o risco de desenvolver um câncer de pulmão.

Hoje estou segura de que nunca mais voltarei a fumar. Que é possível superar essa ânsia por um cigarro, esse apetite pelo tabaco, quando a motivação e o desejo de não voltar a fumar são verdadeiros. Aprendi isso quando procurei apoio para minha decisão de deixar o vício no livro *Método fácil de parar de fumar*, de Allen Carr. A terapia para deixar o tabaco do autor britânico tira o prazer do fumo de modo bastante certeiro e inteligente, em níveis consciente e inconsciente. Com ele, tive o "estalo" — e a sensação de que cada dia sem fumar valeria a pena.

Minha vontade foi motivada por frases como: "Quando você para de fumar é vencedora desde o primeiro instante. Não apenas depois que estiver livre do cigarro por um longo tempo". Bem, esse método me convenceu de tal forma que eu o colocaria antes de todas as terapias que serão mencionadas a seguir. Não importa se você é uma fumante inveterada ou "social" (aquela que fuma apenas em festas), só o fato de decidir finalmente parar já basta. O livro pode ajudá-la a tomar essa decisão, com a certeza de que você será capaz de manter o peso.

Pense bem, e com calma, sobre qual terapia deseja usar para parar de fumar definitivamente. Preparamos um teste para guiá-la na missão de encontrar uma boa opção para você. A escolha do método correto é importante: ele deve ser o ideal para suas necessidades, pois só assim sua motivação será mantida ao longo de todo o processo.

## MOTIVADA PELO MÉTODO CERTO

Seu desejo é ficar esbelta — apenas não pode imaginar sua vida como uma futura ex-fumante. De certo ainda há outros motivos pelos quais seria bom nunca mais tocar em um cigarro: problemas metabólicos, disfunções na circulação, câncer ou bronquite crônica. Uma gravidez planejada também pode ser o estímulo para parar de fumar. Outro motivo é a não aceitação social dos fumantes que mudou muito nos últimos anos. Fumar não é mais tão glamouroso como sugeria o antigo *slogan* da propaganda da Camel: "O sabor de uma nova aventura". Diante dessa nova consciência dos riscos à saúde, a indústria do tabaco, cada vez mais, tem tentado passar mensagens implícitas — em *merchandising* no cinema e na televisão —, sugerindo que fumar é um ótimo relaxante (afinal a vida moderna está mais estressante do que nunca!).

Todavia, independentemente dessas motivações externas, antes de tudo você precisa acreditar que o tabaco não lhe traz nenhum benefício. Nosso compromisso neste momento é ajudá-la a vencer essa batalha e, acima de tudo, fazendo com que você não engorde: a dieta das quatro semanas a ajudarão a manter o seu peso (e até mesmo a perder alguns quilos, se for persistente). A partir de agora, o mais importante será escolher o método de terapia mais adequado para acompanhar a mudança na sua alimentação.

São muitas as maneiras de vencer o vício do fumo. Qual será a mais correta no seu caso? Talvez você escolha os métodos naturais, prefira as agulhas da acupuntura do que colar todos os dias um adesivo de nicotina na pele. Tudo dependerá de você. Existem ainda tratamentos com terapeutas comportamentais. Caso você tenha reações físicas acentuadas, recomenda-se, por exemplo, a hipnoterapia, um método que exige tempo e apela para o subconsciente. E se você é adepta das soluções "instantâneas", é provável que se identifique com as novíssimas pílulas desintoxicantes para fumantes. Repita sempre o lema: "Quero parar agora! Num estalar de dedos! E será fácil, fácil".

Sobreviver à selva terapêutica não é das tarefas mais simples. Mas você vai conseguir. E quem escolhe a estratégia correta, tem a vantagem de que a desintoxicação, como se diz, também funciona.

## LIVRE DO CIGARRO EM SEIS HORAS — O MÉTODO ALLEN CARR

Um dos métodos mais conhecidos e eficazes para deixar de fumar é a terapia *Easyway* (Caminho fácil) de Allen Carr, ideal para pessoas muito "cerebrais", mas também para aquelas que já têm em seu histórico alguma tentativa frustrada de deixar o vício do cigarro e que não deseja repetir o erro.

Carr é o autor do livro mais bem-sucedido quando o assunto é deixar de fumar, *Método fácil de parar de fumar*. E como funciona o método *Easyway*?

O ponto de partida desse método é o conceito de que a abstinência de nicotina começa após cada cigarro fumado. Exemplo: depois de uma deliciosa refeição o não fumante sente-se satisfeito e feliz. Não falta nada para ele. O fumante, ao contrário, fica pensando quando finalmente poderá acender seu cigarro. Para ele, fumar é o "gran finale" de uma refeição maravilhosa. Esses pensamentos — de acordo com Carr — são a expressão de sua dependência.

## ESPETADINHA — PARE DE FUMAR COM ACUPUNTURA

Método desenvolvido na China há mais de dois mil anos e para a acupuntura não há separação entre o corpo e a alma. Sua abordagem da saúde é holística, baseando-se na suposição de que o corpo humano pode lidar com as doenças quando está em equilíbrio. As duas forças essenciais para essa harmonia chamam-se *yin* (o princípio feminino, passivo) e o *yang* (o princípio masculino, ativo). Essas são também as forças polares da acupuntura. Quando a energia vital (*qi*) flui em desarmonia, com muito *yin* e pouco *yang*, o equilíbrio pode ser restabelecido pelo agulhamento de pontos de acupuntura específicos.

A acupuntura já era indicada em antigos escritos chineses para tratamento do vício do ópio. No caso de acupuntura antitabagismo são ativados todos os cinco pontos mencionados. Os sinais ativados pela acupuntura auricular alcançam via diencéfalo as partes do corpo correspondentes que obedecem a esses comandos. A acupuntura auricular utiliza-se, inclusive, do centro de controle do ser humano: o cérebro. Devido ao curto caminho de reflexo, os comandos da "concha" do ouvido alcançam rapidamente o local onde eles devem atuar.

Como pioneiro, o médico e físico Paul Nogier reuniu, no início dos anos 1950, o conhecimento chinês da cura com as experiências da acupuntura auricular oriundas do Oriente Médio e da África. Ele combinou esse conhecimento com a medicina convencional e desenvolveu uma nova topografia dos pontos reflexivos auriculares com os quais o método NADA funciona hoje. Esse método foi desenvolvido em 1973 pelo psiquiatra Michael Smith, do Lincoln Hospital, em Nova

York. Desde os anos de 1980 a acupuntura é reconhecida pelo governo norte-americano como método de cura oficial para tratamento de doenças decorrentes do tabagismo.

Para um programa antitabagismo bastam duas sessões de acupuntura por semana, durante quatro semanas no mínimo. A maioria dos fumantes, independentemente da quantidade de cigarros que fumavam diariamente, percebe a diferença logo após a primeira sessão. Sentem-se mais relaxados, dormem bem e passam a não exalar odor de cigarro. Três meses após o tratamento, 66% dos pacientes pararam de fumar, 80% deles após a primeira sessão.

## MUDANÇA NOS RITUAIS — A TERAPIA COMPORTAMENTAL

Pode soar estranho aconselhar uma terapia comportamental para um fumante, mas o professor Anil Batra recomenda esse método após anos de experiência prática e de estudos científicos — ela é ideal para fumantes que já tentaram mais de uma vez se livrar do vício e para aqueles que se autodenominam "fumantes sociais".

Anil Batra é um dos especialistas líderes na Europa no tratamento da dependência do tabaco. O programa antitabagismo desenvolvido por ele na Alemanha, *Não fume! Deixe o cigarro em seis passos*, é realizado como terapia de grupo e dura seis semanas. É um programa terapêutico-comportamental, dividido em três fases: preparação, cessação e estabilização. Nas sessões em grupo, que duram de 90 a 120 minutos, doze participantes (no máximo) encontram-se uma vez por semana e interagem com um terapeuta.

Nas primeiras duas semanas do curso, os fumantes são preparados para abandonar o vício, ou seja, para o "Dia D" no qual iniciarão uma nova vida, livres do cigarro. A essência desses encontros terapêuticos destaca o conflito entre as vantagens da abstinência e as desvantagens do tabagismo. Nas reuniões são discutidas, em detalhes, situações desencadeadoras do fumo, enfatizando-se quais necessidades cada uma dessas satisfaz. Os principais motivos para muitos fumarem podem ser, por exemplo, necessidade ou vontade de superar um momento de estresse, solidão e até inibir o apetite. Um tema relevante nessa fase de preparação é também a dependência física e psíquica do tabaco. A psicóloga Katja Beck-Dossler, que conduz terapias com o programa antitabagismo do grupo de estudos da Universidade de Würzburg, explica que a motivação para o abandono do cigarro desempenha um papel bastante importante: "Deixo que os fumantes formulem e anotem três motivos positivos para que queiram abandonar o vício. Por exemplo: 'desejo praticar esportes' ou 'gostaria de não estar cheirando a cigarro quando beijo meus filhos'. O fumante deve afixar essas frases na porta da geladeira ou em um local visível do escritório. Em qualquer dos casos, ele deve percebê-las de forma consciente e lê-las várias vezes ao dia para interiorizá-las".

Na primeira reunião, e em todas as outras que se seguirão, é conduzida uma medição de monóxido de carbono (CO), ou seja, observa-se por meio de um aparelho apropriado a proporção do teor de monóxido de carbono no ar exalado. Esse gás venenoso é resultado da queima do tabaco. O valor aumenta ou diminui de acordo com a quantidade de cigarros fumados. Durante as seis semanas completas, traça-se para cada fumante uma curva de medição individual. Esse é um método bastante honesto para se perceber o quanto a pessoa realmente se prejudica ao praticar o ato nocivo do fumo. Também se adquire uma percepção visual especialmente clara de que o cigarro é extremamente danoso à saúde. E tem mais: após largar o cigarro, o valor de CO nas 48 horas subsequentes reduz-se à quantidade de um não fumante!

Como lição de casa, cada participante elabora uma lista, marcando um traço antes de acender cada cigarro. Isso deve conscientizá-los sobre as situações que os levam a fumar. No segundo dia de cada semana, um cartão diário é preenchido com os seguintes dados: quantidade de cigarros, local onde eles foram fumados, atividades realizadas nesse período ou os sentimentos que cada um despertou.

No final das primeiras duas reuniões (e também das seguintes) será concedido o chamado tempo para o *flashback*: cada participante dará um retorno do que leva para casa da sessão de terapia.

Na segunda semana de curso — ainda na fase da preparação — os resultados da lista de marcações e dos cartões diários serão discutidos e o comportamento tabagista analisado (por exemplo, quando e onde mais se fuma). A partir dos resultados dessa autoanálise são desenvolvidas estratégias de como deve ser o primeiro dia de um ex-fumante. Essa é a tarefa principal da segunda reunião. De acordo com Katja Beck-Dossler: "A recompensa nesse 'Dia D' é de absoluta importância. Por exemplo, um encontro com uma pessoa querida em um restaurante italiano. Uma alternativa seria ir a um teatro ou um cinema. Contudo, deve ser algo que já se queira fazer há tempos, para o qual simplesmente faltou tempo, não vontade".

O prazo final deve ser definido, por escrito, para uma data qualquer entre a segunda e a terceira semana. A experiência tem provado que nesse período a motivação é bastante forte. Essa data pré-estabelecida tem o poder e a força de um contrato fechado, que é muito mais difícil de ser rompido do que um acordo verbal. Com frequência, nessas semanas sempre são comentadas as supostas vantagens do cigarro e as verdadeiras desvantagens. A partir daí, desenvolvem-se estratégias para superar as situações difíceis e as eventuais recaídas. Pode-se, por exemplo:

1. Trocar de ambiente: em vez de tomar a xícara de café da manhã na cozinha, onde sempre se fumava um cigarro, tome-a na sala de estar, ou ainda, colocar a escrivaninha onde costumava sempre fumar em outro lugar.
2. Encontrar alternativas: em vez de café, consumir chá no desjejum, pois ele não está associado ao obrigatório cigarro do cafezinho matutino.
3. Alterar hábitos: alternar a sequência dos procedimentos habituais é importante. Pode-se, por exemplo, levantar mais cedo ou mais tarde, tomar o café da manhã no escritório e não mais em casa. Dessa forma, as situações em que se tem vontade de fumar podem ser mais bem controladas.
4. Prevenir-se contra recaídas: caso existam momentos nos quais surja o perigo de uma recaída, os fumantes devem se proteger nas primeiras duas semanas após

o 'Dia D', o que vale também para idas a bares, consumo de álcool e escapadelas para a área de fumantes da empresa.

Na terceira semana de curso — a fase de cessação ou abandono do vício —, com auxílio da mensuração de CO, fica claro em que ponto o participante se encontra. O mais importante dessa reunião é fazer a seguinte pergunta: como foram os detalhes de seu primeiro dia de ex-fumante? Os participantes que não conseguiram parar de fumar são motivados a estabelecer uma nova data para tornar-se um deles.

Como a nicotina ativa o sistema de recompensa de nosso cérebro, torna-se vital atentarmos para esse detalhe. Porém, faz-se necessária uma inversão de polaridade, tais como, em vez da recompensa conseguida com o prazer do fumo, pode-se acionar outras percepções prazerosas. Por exemplo, comprar/dar/apreciar um buquê de flores perfumadas, pois o olfato reage especialmente bem a aromas agradáveis, ou apreciar um lindo entardecer em um parque. Enfim, podemos usar tudo aquilo que não pertence ao cotidiano, mas que possa torná-lo melhor, pois no período de cessação devemos buscar coisas que nos façam bem, justamente para evitar a sensação de que sem tabaco a qualidade de vida é muito pior.

Além disso, também pode ser de grande ajuda procurar o apoio de alguém em que se confia. Essa tarefa deve, contudo, ser assumida por um ex-fumante ou alguém que nunca tenha fumado (fumantes não são as melhores opções para essa missão). Esse parceiro especial deve ser o ombro amigo para os períodos de recaída do frequentar uma academia ou simplesmente uma caminhada diária.

Outro tema comum nessa terceira reunião é a tolerância e a duração da terapia medicamentosa. Na quarta semana do curso, o terapeuta focaliza especialmente a experiência de mudanças positivas na vida do ex-fumante. Por exemplo, ele percebe que agora tem mais tempo para si mesmo e pode se tornar muito mais tranquilo. Ele não precisa mais sair apenas para comprar cigarro quando o dele acaba. No trabalho também surge um novo sentimento de liberdade: supondo que eram consumidos seis cigarros na parte da manhã na "área de fumantes", cada cigarro, dez minutos. Ao todo, desperdiçava-se uma hora inteira no "fumódromo", que agora poderá ser utilizada em outras atividades. E descobre-se também como é agradável quando o interior do carro ou as roupas não mais cheiram à fumaça e tabaco.

Com frequência, ex-fumantes novatos surpreendem-se ao perceber como foi fácil livrar-se da armadilha chamada nicotina. Nessa fase os participantes sentem-se mais autoconfiantes e aliviados. Caso haja uma recaída, o terapeuta dedica-se especialmente a ela, questionando a situação e discutindo com o participante como ele poderá lidar com aquela questão no futuro sem apelar logo para uma tragada no cigarro.

Adota-se também um método de relaxamento muscular. Certos grupos musculares dos ombros, pernas e braços são contraídos e, em seguida, relaxados de forma consciente. Para tanto, deve-se respirar lenta e profundamente.

Na quinta e sexta semanas de curso — fase da estabilização —, a missão é tornar todos os participantes resistentes a uma possibilidade de recaída. Muitos vivenciam apenas agora, nessa última fase, uma espécie de "escassez de conduta", ou seja, faltam-lhes estratégias de conduta para lidar com sentimentos como raiva, com possíveis conflitos ou desânimo. Nesse momento é importante dar vazão a esses sentimentos e não reprimi-los. As pessoas que convivem com ex-fumantes devem aprender que aquele indivíduo livrou-se de um vício perigoso e, que pode sofrer de bruscas variações de humor. Por isso, o terapeuta aconselha aos seus pacientes: "Falem sobre seus problemas! Sufocá-los traz um risco de recaída".

Não raro, o terapeuta oferece também um jogo de interpretação ou dramatização. Por exemplo: dramatizar uma situação onde um telefonema com uma notícia ruim, há tempos esperado, finalmente acontece. A reação comum seria: primeiro sentar-se à mesa da cozinha e fumar um cigarro. Mas outra reação pode ser treinada (para o futuro) com a ajuda da dramatização: dar uma volta pelo quarteirão ou ir à padaria e lá tomar um café no balcão, em pé. Também é possível deitar-se no sofá e ligar para o melhor amigo(a).

Trinta por cento dos participantes que se submeteram a essa terapia comportamental estão sem fumar há um ano. Nesse período, não fumaram um único cigarro sequer ou utilizaram quaisquer substâncias semelhantes ao tabaco.

## IMAGENS DE UMA VIDA SEM CIGARROS — A HIPNOTERAPIA MODERNA

Para os gregos, Hipnos era o deus do sono, nome do qual deriva o conceito de "hipnose". A ideia de um processo para indução de um transe causa certo pavor em muitas pessoas, pois algumas supõem que podem perder o controle da própria vontade em um estado hipnótico. Em geral, temem a manipulação do inconsciente pelo hipnotizador ou que ele possa obter poderes sobre o corpo e a alma. É fato que ninguém se recorda de nada após uma sessão. É realmente estranho. Mas isso também pode ter sua atração: basta um sono breve, profundo, para se conseguir a tão desejada libertação da nicotina. Contudo, essa possibilidade só existe quando o fumante tem o verdadeiro desejo de se livrar do vício. Ou seja, por esse método, não é possível que o terapeuta imponha sua vontade ao paciente se ele não quiser.

A hipnoterapia moderna, contudo, não traz nada da ideia tradicional de hipnose. Desde 2006, essa forma terapêutica é considerada um método cientificamente reconhecido, com sua eficácia comprovada em diversos estudos. Nos estados de ansiedade, em todos os distúrbios psíquicos possíveis (como distúrbios alimentares) e no caso de vício patológico, o método tem se mostrado como totalmente adequado.

O psicólogo e hipnoterapeuta Björn Riegel formou-se em hipnoterapia moderna no Instituto Milton Erickson de Hipnose Clínica de Hamburgo, onde conduz um estudo sobre o método "Smokex", concebido para agir onde falham os grupos do método Carr e os adesivos de nicotina. Nele são combinados novos conhecimentos de neuropsicologia e terapias antivício, como hipnose terapêutica e terapia conversacional. O futuro ex-fumante aprende, por exemplo, a cuidar de si mesmo nas situações em que ele tipicamente acenderia um cigarro — é um tratamento que em primeiro lugar têm a ver com o subconsciente. De acordo com as experiências de Björn Riegel, a saída bem fundamentada do vício necessita de quatro a cinco sessões de hipnose. No período entre cada sessão, a auto-hipnose, que se aprende com o terapeuta, ajuda o fumante a estar mais bem preparado para o dia no qual dará o adeus definitivo ao cigarro. Até aí, a quantidade de cigarros fumados ainda não se reduziu.

"Smokex" baseia-se nos princípios do psiquiatra americano Milton H. Erickson (1901-1980), fundador da hipnose moderna, centrada no paciente. Aos 17 anos, Erickson contraiu poliomielite e entrou em um coma que durou três dias. Quando acordou, estava totalmente paralisado. Permanecia imóvel em uma cadeira de balanço, olhava o verde do parque durante horas pela janela, onde ele gostaria de estar. De acordo com Erickson, esse pensamento positivo fez com que um dia sua cadeira de balanço se movesse. Essa experiência o motivou a exercitar outras imagens alucinatórias. Dessa maneira, conseguiu que seus músculos paralisados fossem reativados. Cerca de um ano depois, Erickson pôde andar com muletas e frequentou a Universidade de Wisconsin para estudar medicina. Após dois anos caminhava por si, sem qualquer auxílio.

Erickson partia do princípio de que cada pessoa possui a capacidade e o poder da autocura. Considerava o inconsciente uma fonte de forças positivas e que a tarefa do hipnoterapeuta é mobilizá-las, o que pode ser alcançado por palavras ou imagens que ampliam a consciência. Dessa forma, o inconsciente assume o papel principal na ativação das forças ocultas da autocura.

Em linguagem clara para o futuro ex-fumante: sua intenção consciente em direção à abstinência é fortalecida de tal forma pelas capacidades inconscientes disponíveis que ele consegue alcançar seu objetivo de maneira mais fácil e poderosa. Com ajuda da hipnose, ele aprende a se estimular para que tenha força para deixar o cigarro. De modo concreto, como funciona o programa "Smokex"? No início, o terapeuta esclarece ao fumante o motivo pelo qual ele gostaria de abandonar o vício e como ele está convencido de sua decisão. Em uma entrevista elabora-se um diagnóstico exato.

Na segunda fase, o fumante aprende o que significa o transe no qual será colocado por meio da hipnose. Riegel compara o estado de transe, por exemplo, ao imaginário criado durante a leitura de um livro: "Com frequência não se percebe quantos minutos e horas passaram. Quando se olha no relógio, já se passou muito mais tempo do que se imaginava".

Na terceira fase, pede-se que o "ainda" fumante pense numa imagem ou situação na qual ele se sinta especialmente bem — porém, sem estar fumando. Ter essa visão futura positiva é um fator decisivo para o processo de libertação do vício. Muitos imaginam uma situação de férias, na qual estão sentados em uma campina ou em uma espreguiçadeira de frente para o mar. O paciente deve visualizar essa situação com muita precisão, descrever também os aromas, cores e ruídos que ele percebe nesse ambiente experimental. Para tanto, muitos fecham os olhos, ficando de tal forma concentrados que acabam entrando em transe, sozinhos.

Desse modo, passo a passo cria-se para o fumante uma nova identidade de não fumante. Na linguagem especializada, essa visualização é conhecida como "uso de recursos internos": o fumante deseja vivenciá-la "limpo", ou seja, sem um cigarro entre os dedos. Na hipnoterapia o fumante aprende, com o auxílio de diversas técnicas de relaxamento, como pode acessar sempre que desejar essas visualizações (no escritório ou na rua). Elas servem como "muletas" que acompanham o ex-fumante em uma vida livre do tabagismo. Ao mesmo tempo, escolhe-se o primeiro dia de abstinência com ajuda do inconsciente criativo: em um estado de transe o cliente é instruído a esperar com atenção quais números ou letras surgem sozinhas em sua mente. Em seguida, eles são interpretados — constituem a base para definir o dia adequado para a intenção compreendida. O "Dia D" poderá acontecer em algumas semanas ou meses. Nesse caso, a última sessão hipnoterapêutica ocorrerá perto desse dia. O importante é que o "ainda" fumante comece a nova vida de ex-fumante inspirado por pensamentos positivos. Dessa forma fica mais fácil para ele resistir às tentações. Em geral, são necessárias de três a cinco sessões hipnoterapêuticas de 90 minutos. A primeira sessão na maioria das vezes é dupla e custa o equivalente a 450 reais, as outras, por volta de 300 reais.

Diversos estudos comprovaram que a taxa de sucesso dessa terapia aproxima-se de 40%, e que uma em cada três pessoas que escolheu esse método permanece livre do cigarro após um ano. O programa é ideal para aqueles fumantes que têm curiosidade sobre outros níveis de consciência.

Importante: quem se decide pela hipnoterapia deve saber de antemão se o especialista possui formação acadêmica sólida nessa área. Em geral são psicólogos, médicos ou terapeutas. Tome cuidado caso o profissional tenha, de imediato, um horário livre e não exerça em seu consultório nada mais além do que hipnose.

## MAIS UMA AJUDINHA — A HOMEOPATIA

Esse método de tratamento ameniza os sintomas da abstinência. Deixemos claro, porém, que a homeopatia em si não constitui um programa antitabagismo. Mas ela ajuda a acalmar, a diminuir os sintomas físicos que podem ser bastante graves quando se abandona a nicotina: desde dificuldades de concentração, nervosismo, distúrbios do sono e até intolerância. Tudo é possível. Nesses casos, a homeopatia pode ajudar.

## Capítulo 2

# COMO FUMAR MUDA NOSSO CORPO

# Mitos do fumante

Muitas jovens gostariam de parar de fumar mas não abandonam o cigarro, pois não querem engordar. Só que fumar não torna ninguém esbelta automaticamente. Além disso, há pessoas que nunca puseram um cigarro na boca e durante a vida toda foram magrinhas. Então, o que existe de verdade no mito de que fumar mantém uma boa silhueta? Que acontece em nosso corpo quando ele não recebe mais a nicotina e o fumo? Quais impactos as substâncias do tabaco causam na pele e nos cabelos? Em outras palavras: no que o cigarro transforma nosso "hardware", ou seja, nosso corpo, do qual precisamos cuidar de verdade durante toda a vida?

## COMO A NICOTINA INFLUENCIA O CONSUMO DE CALORIAS

Cada ser humano precisa receber uma determinada quantidade de energia diária: a necessidade de calorias, que se calcula a partir da soma da taxa metabólica basal e o nível de atividade física. A taxa metabólica basal indica a energia em calorias que o corpo necessita para funcionar, respirar, digerir, obter substância celular sem grandes atividades físicas — ou seja, para viver. Isso significa que o corpo humano também queima calorias sem que para isso precise praticar alguma atividade. Essa taxa metabólica basal é de 2.300 calorias em mulheres abaixo dos 50 anos; acima disso, 2.000 calorias. Em homens, fica entre 2.900 e 2.500 calorias. Assim, homens queimam basicamente mais calorias que as mulheres, independentemente da altura e do peso. E existe um motivo para que isso ocorra: o tecido muscular consome mais energia que os tecidos adiposos e os homens, por natureza, possuem uma parcela maior de tecido muscular, mesmo quando são sedentários. Injusto, mas é verdade! Com a chegada da idade, a taxa metabólica basal diminui em ambos os sexos, pois de maneira contínua os tecidos musculares são substituídos por tecidos adiposos, inclusive em pessoas ativas e esbeltas. Ou seja, quando envelhecermos, precisaremos de menos calorias. Daí o motivo para a diferença na taxa metabólica basal. Entretanto, essa é apenas a base: pode-se calcular a necessidade energética diária de forma aproximada, na qual se inclui um fator de atividade à taxa metabólica basal, ou seja, o nível de atividade física. Ele considera a atividade da pessoa trabalhando e no seu tempo livre, tais como, pratica de atividades físicas. A taxa metabólica basal é multiplicada pelo valor do nível de atividade física.

O que poucos sabem, porém, é que a nicotina influencia diretamente a taxa metabólica basal. Ela supera as barreiras hematoencefálicas, barreiras fisiológicas entre o sistema nervoso central e o sistema circulatório, e alcança dessa maneira as células cerebrais. Pelo sistema nervoso central, ela motiva o coração a aumentar suas batidas e transporta o estímulo para o sistema nervoso vegetativo — ou inconsciente. Para tanto, os vasos sanguíneos se estreitam e a pressão arterial aumenta. Crescem também as contrações intestinais, incitando assim a digestão. Ao mesmo tempo a nicotina atua sobre o córtex adrenal e sobre seus hormônios. A consequência de todas essas alterações biológicas consiste num aumento da taxa metabólica basal: o corpo queima diariamente entre 100 a 200 calorias a mais. Esse efeito ocorre especialmente em fumantes que consomem no mínimo um maço de cigarros por dia, pois um determinado nível de nicotina se mantém por um tempo maior no organismo. Em outras palavras, fumar aumenta o consumo de calorias.

## O QUE ACONTECE COM O APETITE?

Nosso paladar é resultado da atuação conjunta da língua, do nariz e de toda a faringe. Tente descobrir a diferença entre pepino e maçã, couve-rábano e cenoura com os olhos fechados e nariz tampado, apenas com a língua e verá que não vai conseguir!

A nicotina e outras substâncias do tabaco afetam as terminações nervosas da boca, do nariz e da faringe, desligando-as parcialmente. Isso explica por que fumar reduz o paladar, tal qual acontece em um resfriado: aromas que causam água na boca do não fumante não fazem diferença para o fumante, pois suas "antenas" estão literalmente enevoadas pelo cigarro. Os fumantes não podem ser degustadores, mesmo quando apreciam um bom vinho. Como consequência, não são facilmente seduzidos pela comida.

Mas isso não é tudo. Os fumantes têm menos fome, pois fumar atua como um inibidor de apetite. Psicologicamente acontece o seguinte: existem no corpo substâncias mensageiras, como a dopamina, a serotonina e a noradrenalina (conhecidos também como hormônios do prazer), compostos químicos que conduzem sinais dentro do organismo. Eles são estimulados pela nicotina, influenciando não apenas positivamente o humor, mas também inibindo o apetite. Por essa razão, o fumante acende com frequência um cigarro, de modo inconsciente, quando tem fome. Dessa maneira, obtém um duplo benefício: a fome desaparece, a disposição cresce e o metabolismo é acelerado, mesmo sem receber "combustível".

A disposição alterada pela nicotina quase pode ser descrita como um *doping* produzido pelo próprio corpo. Quando você está estressada, cansada ou exausta, o cigarro traz alívio. Outras pessoas na mesma situação talvez agarrassem um pacotinho de guloseimas (compensação com comida), ou pior ainda, uma barra de chocolate! Salgadinhos! Aperitivos! Álcool! Mas você se dopa com nicotina. E funciona de forma excepcional com as substâncias mensageiras estimuladas.

Mas por que há fumantes gordos? Bem, há diversos motivos para isso. Eles podem ter predisposição genética para ser bom garfo, são comilões, sedentários ou possuem um comportamento alimentar errado — e os fumantes não estão imunes a tudo isso. Vale para eles o que funciona para toda a humanidade: quem come mais do que precisa também engorda.

A vantagem calórica aparente dos fumantes logo se torna pouco importante quando o corpo já tiver se acostumado a ela. Dessa forma, a ingestão de calorias oscila em níveis mais altos. Quem tem uma taxa metabólica basal maior tem também, como consequência, mais fome. Difícil é quando se interrompe o consumo de nicotina e se continua a comer e viver como antes, pois isso é uma certeza de quilos a mais. Porém, quando você tiver alcançado a condição de ex-fumante de longo prazo, sua ingestão de energia também cairá para níveis mais baixos. E sua chance está exatamente aí: o corpo consegue se adaptar.

## A SAÚDE DEIXADA DE LADO

Em um total de vinte e cinco diferentes causas de morte com relação ao consumo de cigarros, ficou comprovado que as doenças do sistema circulatório-vascular e respiratório estão em primeiro lugar. O uso abusivo da nicotina é o principal vilão do câncer no pulmão. Nos últimos tempos, porém, a doença tem crescido mais entre as mulheres do que entre os homens, pois há cada vez mais mulheres fumantes. Um fumante tem um risco vinte vezes maior que um não fumante de desenvolver câncer no pulmão, pois as substâncias prejudiciais presentes no tabaco alteram a estrutura celular. Células saudáveis, com o tempo, podem se transformar em células malignas, dependendo da duração do hábito tabagista, da quantidade ingerida e da genética de cada um.

Os desencadeadores dessa transformação são, entre outros, os radicais livres que inundam o corpo do fumante em grandes quantidades a cada cigarro fumado e ativam um processo conhecido como estresse oxidante. Trata-se de substâncias altamente reativas, que podem prejudicar nossas células e informações genéticas, sendo responsáveis por processos de enfermidades. Elas podem propiciar a degeneração celular — em uma palavra, câncer. São a causa de processos inflamatórios no corpo, como a arteriosclerose, e parecem ser responsáveis pelo fenômeno do "envelhecimento".

Sem dúvida, todos os órgãos ou sistemas orgânicos (como intestino, pulmão ou artérias) que entram em contato com as substâncias malignas do cigarro estão, em princípio, sob risco de desenvolver câncer. Além da nicotina, também entram nessa lista substâncias como benzeno, formol, cádmio, chumbo, níquel, cromo e alumínio.

Quem imagina que um fumante eventual não está exposto a nenhum risco de saúde engana-se. Um grande estudo realizado na Noruega, no qual participaram 43 mil homens e mulheres fumantes, revelou: mesmo que o consumo seja de apenas três ou quatro cigarros por dia, o risco de contrair doenças cardíacas ou circulatórias aumenta três vezes e o risco de câncer pulmonar cresce cerca de três vezes para os homens, e cinco para as mulheres.

Mesmo assim, é bom saber que a cada ano que se vive como ex-fumante, o risco de contrair doenças pulmonares, cardíacas ou circulatórias diminui consideravelmente. Ao deixar o cigarro, o risco de câncer também diminui. O volume pulmonar e a capacidade de desempenho aumentam, além da defesa imunológica — coriza e tosse persistente, nunca mais!

**POR QUE NÃO FUMANTES PARECEM MAIS JOVENS?**

Radicais livres causam no tecido biológico o que chamamos de estresse oxidante e podem, dessa maneira, degradá-lo. Essas moléculas agressivas penetram também nas camadas mais profundas da pele e atacam as usinas celulares, as mitocôndrias, e roubam seu oxigênio, necessário para a transformação dos nutrientes. Como consequência, a pele fica malnutrida com aparência de desgastada, flácida e acinzentada. As células perdem cada vez mais a resistência, o que leva a uma deterioração das fibras elásticas e colágenas e, nos casos mais graves, ao câncer de pele.

Quem para de fumar percebe em poucas semanas uma pele visivelmente melhor e com poros mais finos. A Dra. Juliane Habig, dermatologista de Munique, explica: "A epiderme pode se recuperar em vinte e oito dias. Para a derme, que está logo abaixo da camada exterior, o processo demora mais". Contudo, pode-se ajudar a pele a se recuperar por meio de substâncias absorventes, os chamados antioxidantes, as conhecidas vitaminas A, C e E (a vitamina A na forma de betacaroteno). Essas vitaminas podem ser obtidas principalmente por meio da alimentação e pelo uso de cremes com esses componentes ativos.

Quando, após o abandono do cigarro, as células cutâneas conseguem voltar a trabalhar normalmente, a pele não se torna apenas mais firme e fina, mas também parece mais macia, corada e saudável. Isso porque, por um lado, a circulação volta a funcionar com mais intensidade, por outro, a ação do estrogênio, hormônio sexual feminino produzido principalmente pelos ovários, não é mais bloqueada pela nicotina. Há ainda outra perspectiva positiva: cabelos e unhas crescem muito mais rápido em não fumantes e eles também possuem uma cicatrização muito melhor do que os fumantes.

## QUE ACONTECE QUANDO PARAMOS DE FUMAR?

Vinte minutos após o famoso "último cigarro" ocorre uma série de alterações orgânicas no corpo. Porém, de acordo com informações da Sociedade Americana do Câncer, o desenvolvimento positivo é imediatamente interrompido por um único cigarro fumado.

1 **Que acontece 20 minutos após se parar de fumar?**
A pressão sanguínea e o pulso diminuem para o volume habitual e a temperatura de mãos e pés também volta ao normal.

2 **Que acontece 8 horas depois?**
O nível de oxigênio no sangue volta ao normal.

3 **Que acontece 48 horas depois?**
As terminações nervosas começam a se regenerar, os receptores de olfato e paladar trabalham com mais intensidade.

4 **Que acontece de 2 semanas a 3 meses depois?**
A circulação sanguínea estabiliza-se, o caminhar torna-se mais fácil e a função pulmonar melhora em até 30%.

5 **Que acontece 9 meses depois?**
Os ataques de tosse e a dificuldade respiratória diminuem somente agora e ocorre um retrocesso da constipação dos seios da face. O tecido epitelial do pulmão é reconstituído, promovendo a formação de secreção e uma limpeza geral dos pulmões. O sistema imunológico se recupera, o risco de infecção diminui. O corpo volta a conseguir mais reservas de energia.

**6 Que acontece 5 anos depois?**
O risco de morrer de câncer de pulmão reduz-se quase à metade, o risco de infarto chega ao nível de um não fumante. O perigo de desenvolver câncer na boca, traqueia e esôfago diminui em 50%.

**7 Que acontece 10 anos depois?**
O risco de desenvolver câncer no pulmão é o mesmo de um não fumante; células pré-cancerígenas (células num estágio anterior ao câncer) são expelidas e substituídas.

**Capítulo 3**

# DRIBLE O CIGARRO

# Mantenha seu peso

Quando você para de fumar, sua necessidade energética diminui. Em compensação, o apetite e a vontade de petiscar aumentam — o que significa que se você continuar a comer e viver como antes, de fato, correrá o risco de engordar. Algumas pessoas engordam quatro quilos, em média, outras, bem mais do que isso — uma amiga me confessou ter ganhado quinze quilos após deixar de fumar.

Quando se ouve isso, a decisão de se tornar uma ex-fumante enfraquece, pois a perspectiva de, como prêmio pela força de vontade em deixar de fumar, ganhar aqueles *pneuzinhos* na cintura não é muito animadora. Nesse caso todos se esquecem que cada quilo adquirido tem a ver apenas com a alimentação inadequada. Os quilos extras não surgem em seu corpo do nada, você precisa "ingeri-los". E quem fecha a boca, pode abrir um belo e esbelto sorriso depois. Estudos demonstraram que ex-fumantes consomem diariamente 285 calorias a mais que antes — o que é quase a soma das calorias que elas diariamente deixam de queimar. Ou seja, ingerem aproximadamente 500 calorias excedentes por dia. Não é de se admirar que ganhem peso!

Entretanto, existem truques para fazer uma revolução no metabolismo cansado — pela retirada da nicotina a taxa metabólica basal cai 20% —, inibir o apetite, acelerar a desintoxicação e manter o sistema nervoso equilibrado. E saiba que não é apenas a falta de exercício que engorda, mas também a falta de sono, ou seja, de um número mínimo de horas de sono? Que as substâncias bioativas ajudam sua energia e que não há apenas gordura boa e ruim, mas também carboidratos bons e ruins? Aqui você encontra explicações de como e por que não ganhará peso, mesmo sem fumar um só cigarro, e onde poderá colher os frutos de sua decisão da melhor maneira.

## ENGORDAR PODE SER FACILMENTE EVITÁVEL

Cada uma de nós procura desculpas para justificar comportamentos falhos e inadequados. Talvez, por isso, o sobrepeso, costume ser atribuído à disfunção da glândula tireoide, à tristeza, ao estresse extremo, à comida do refeitório da empresa/escola ou a muitas outras coisas parecidas. Como especialista em nutrição e dietética acompanho pessoas com sobrepeso e não raro ouço essas e outras desculpas para se estar fora de forma. Jovens mães acima do peso normal põem a responsabilidade pelos quilos a mais nos hormônios e no estresse da maternidade. A sociedade aceita, resignada: "Claro, ter filhos engorda!". Esse é um conceito já conhecido por todos. Outro: "Envelhecer é sinônimo de engordar". Em outras palavras, para cada homem mais velho existe uma barriguinha e para cada mulher madura ter cintura é coisa mais do que normal. Nesse caso podemos perceber, quando olhamos ao redor, que é possível ser diferente. Da mesma forma, o senso comum parte do seguinte princípio: "Quem para de fumar, engorda".

Todos os argumentos têm por objetivo explicar por que não é possível parar de fumar. Contudo, como qualquer um de nós PODE fumar o último cigarro, também PODE começar a comer de forma que não ganhe peso. Não é bruxaria!

A expectativa de ganhar peso quando se tenta deixar o cigarro é uma armadilha! Quem pensa assim tem uma tendência e uma desculpa ótima para cada quilo a mais que ganhar. Assim, o chocolate fica duas vezes mais gostoso. E repetir um prato se torna quase inevitável. É mesmo coisa do destino?

Não, não é! Você tem o controle nas mãos para parar de fumar. E para determinar também se permanecerá com seu atual peso ou irá engordar. Para tanto, precisa mudar sua alimentação e fazer exercícios — e você já está em condições de fazê-lo. Não existe momento melhor para isso.

## COMER CERTO AJUDA, E MUITO!

Você acredita que parar de fumar e seguir uma dieta pré--determinada é muita responsabilidade de uma vez só? Muito pelo contrário, isso a deixará mais forte, feliz e visivelmente em forma. A mudança para uma alimentação adequada dará ao corpo um megaimpulso adicional, por razões como:

- Quem consome vitamina B o suficiente, aumenta sua resistência, fortalece o sistema nervoso e corre menos risco de sofrer de desânimo e depressão.

- Os antioxidantes, ou seja, as vitaminas A, C e E, protegem as células e os vasos sanguíneos, proporcionando uma pele bonita e saudável.
- Os ácidos graxos ômega-3 melhoram a circulação sanguínea e ajudam a controlar o colesterol.
- As substâncias bioativas presentes em frutas e legumes fortalecem o sistema imunológico e propiciam uma digestão saudável.
- A proteína, tão preciosa, desenvolve a musculatura.
- Os minerais — como ferro, zinco, cálcio, magnésio e selênio — aumentam a vitalidade e a resistência.

Alimentar-se melhor ajudará a deixar o cigarro de vez, mantendo-se em perfeita forma física. É muito mais fácil impedir que o sobrepeso se instale e criar para si um ponto de ajuste ideal (entre o fim do consumo de nicotina e uma nova alimentação) do que perder peso mais tarde. Utilize a euforia do recomeço, pare de fumar e ajuste sua dieta alimentar — o sucesso espera por você!

## AUMENTE SUA NECESSIDADE DE ENERGIA

Agora você já sabe: se fumava regularmente mais de uma dezena de cigarros por dia, terá uma queda na sua taxa metabólica basal assim que parar de consumir nicotina. Ou seja, seria bom aumentar essa taxa. Mas, atenção: isso não é tão simples quanto se pensa. É preciso fazer alguns ajustes primeiro. O que você come tem grande importância neste momento.

## Clara, é claro!

Obtemos nossas calorias a partir de compostos alimentares proteicos (como a clara de ovo), gordura, carboidrato e álcool.

Enquanto um grama de proteína e carboidrato contém cerca de quatro calorias cada, as gorduras com nove e o álcool com sete calorias praticamente dobram esses valores. Isso torna a clara de ovo também *light*, como os carboidratos. Contudo, o ponto-chave está em como elas são processadas dentro do corpo. Por exemplo, cerca de 20% das calorias das proteínas são queimadas! Os carboidratos, por sua vez, são rapidamente repartidos em açúcares e seguem pelo sangue, sobretudo quando se trata de farináceos, tais como, massas, pães etc. E a gordura pode virar novamente o famoso *pneuzinho*. Essa característica da proteína de ser uma "queimadora" de calorias é descrita também como um efeito especificamente dinâmico e traz uma revolução ao metabolismo, aumentando o consumo de energia.

## O papel do álcool

Com relação às calorias, o álcool tem dois papéis: ele fornece energia que entra rapidamente no sangue. Porém, também consome energia, estimulando a circulação sanguínea. Por isso ajuda a nos aquecer — o corpo perde uma porção de calorias que ele irradia para fora. No caso do álcool, a quantidade é decisiva para um efeito positivo, pois se a ingestão for demasiada, há possibilidade de aumento da taxa de incidência de doenças, em especial de câncer. Os homens eliminam o álcool com o dobro da velocidade das mulheres — por isso para eles o limite é de vinte gramas diárias de álcool e para elas, a metade, dez gramas. Isso corresponde a 1/4 de litro de vinho ou champanhe para homens e 1/8 de litro para mulheres. Essa quantidade não apenas estimula o metabolismo, mas melhora também as características de viscosidade do sangue: o risco de doenças circulatórias ou cardíacas diminui.

## Temperos que queimam muito mais do que apenas a língua

Essas substâncias pertencem a um grupo de compostos que por desenvolverem calor atuam como *fat burners* (queimadores de gordura). Temperos e ervas como *chili*, pimenta, gengibre, raiz-forte, mostarda, cominho, cebolas, alho, alecrim, tomilho e muitos outros são potentes "queimadores" de gordura. Acima de tudo, são os óleos essenciais obtidos a partir deles que possuem esse efeito, pois auxiliam a digestão, atuam como protetores celulares e regulam o nível de colesterol, aquecendo de verdade. E queimam uma porção de energia.

## Músculos devoram energia

A melhor maneira de queimar gorduras é mesmo a musculação, por diversos motivos. Primeiro, é fato confirmado que a massa muscular consome mais calorias que a gordura acumulada. Lembre-se: por ter mais massa muscular os homens podem comer mais que as mulheres sem engordar. Quanto mais a gordura for substituída por músculos, maior será sua necessidade calórica. Então, o que ajuda é praticar musculação — e muito! Efeito adicional positivo: um programa assim catapulta sua necessidade diária de energia para as alturas. Cada vez mais a taxa metabólica basal se aproxima do nível de atividade física. Ou seja, quem fica o tempo todo sentado à mesa, só anda de carro e gasta seu tempo livre com quebra-cabeças e afins possui um nível de atividade física baixo. Quem literalmente quebra pedras ou é corredor de maratonas tem um nível altíssimo de atividade física. Quanto mais tempo e intensidade você se empenha no exercício, mais calorias queima. Se para cada cigarro que você *não* fumasse começasse uma corrida a toda velocidade, por um tempo correspondente àquele dispensado ao ato de fumar, não teria problemas de peso, e poderia manter o mesmo comportamento alimentar. Contudo, dificilmente você conseguirá realizar corridas tão intensas como essas em seu dia a dia. Por isso, é necessário realmente começar a investir em sua boa forma. (O capítulo 6 tratará desse assunto em detalhe.)

## PONHA UM FREIO EM SEU APETITE

O seu estômago está cheio e você sente-se insatisfeita? Não é tão simples quanto parece. Há diversos mecanismos de saciedade e provavelmente nem todos são conhecidos. Se não fosse assim, não haveria problemas de sobrepeso. Os sinais hormonais do corpo enviam ao nosso centro operacional no cérebro informações sobre nosso estado nutricional.

O hormônio peptídeo leptina (insolúvel em gordura e com estrutura de proteína) forma-se no tecido adiposo e indica as reservas de energia. A insulina é formada no pâncreas e avisa sobre os níveis altos de açúcar no sangue. Esses dois hormônios enviam sinais de saciedade e atuam como inibidores de apetite. Porém, há pouco se descobriu um adversário que sinaliza fome e anima o "time da comilança": a grelina, hormônio do crescimento produzido no estômago. É provável que essas substâncias sejam apenas a ponta do iceberg, mas sabemos muito pouco sobre elas ainda para conhecer de forma exata o circuito regulador hormonal durante a ingestão de alimentos.

## Barriga cheia...

No curto prazo, mais importante do que esses hormônios são os sinais nervosos que indicam se o estômago está bem cheio e qual seu estoque de nutrientes. Eles decidem quando você terá a sensação de ter comido o suficiente. Quanto maior o teor de umidade de um alimento e menor seu teor de gordura, melhor: preenche o estômago sem fornecer calorias demais. Acima de tudo, quando ele também é rico em fibras. Na realidade, fibras não conseguem ser digeridas pelo corpo humano, atuando assim como um "enchimento" sem calorias. Legumes, frutas e grãos integrais são especialmente ricos em fibras. Já *fast food* e alimentos com processamento complexo contêm muitas calorias por grama — com alta densidade energética e poucas fibras. Ao contrário, legumes, frutas, saladas, sopas e laticínios com baixo teor de gordura (1,5% de gordura) como leite, creme de leite ou iogurte contam com uma densidade de energia baixa e acalmam a fome sem empanturrar.

## Saciada com carne, peixe, ovos e queijo

Interessante: os próprios nutrientes podem dar sensação de saciedade de maneira diversa, com a mesma quantidade de calorias. A proteína nesse caso é a melhor opção. E o velho ditado popular que diz que "queijo aquieta o estômago" tem um fundo de verdade. Ademais, carne magra, peixe, ovo cozido, coalhada e queijo magro são verdadeiros saciadores e tranquilizadores do estômago.

## Satisfeita com prazer

Por último, mas não menos importante, há a medida do prazer chamada "apetite", que é influenciado pelos hormônios dopamina, serotonina e noradrenalina. Isso é especialmente perigoso para ex-fumantes, pois o efeito inibidor de apetite causado pela nicotina já não existe mais e ele pode se exceder sem perceber. Eis aqui uma ameaça iminente para orgias chocólatras! Mas, como tudo na vida, existe também o outro lado: aproveite melhor suas refeições, desfrute o renascimento de seu paladar, descubra o encanto dos temperos exóticos e das ervas aromáticas. Delicie-se com o melhor peixe, o bife mais macio — sente-se e permita-se um tempo para comer com sua família e amigos. Dessa forma, os hormônios do prazer aumentam e será muito mais fácil satisfazer seu apetite.

## Cuidado com os lanchinhos

Esqueça o conselho preferido: "Fazer um lanchinho entre as refeições mantém o peso". Muito pelo contrário. Cada vez que você come — principalmente doces —, o nível de açúcar no sangue aumenta e, por sua vez, desencadeia um fluxo de insulina. Em outras palavras: a insulina leva o açúcar do sangue para as células e o que não é utilizado migra para as células adiposas. Também aí a insulina ajuda. Quando ela é estimulada continuamente, a formação da gordura funciona de modo tranquilo — como consequência, você nunca estará satisfeita por completo, pois o nível de açúcar no sangue despenca rapidamente. Isso significa: fome! Exceções: as crianças, pois estão em fase de crescimento, e os adultos que malham rotineiramente. Estes sim, precisam de lanchinhos entre as refeições!

Então, o que você come nos intervalos quando dá aquela "fominha" que pode aparecer por causa de estresse, nervosismo, frustração ou simplesmente porque é propício? É óbvio que são salgadinhos, barras de chocolate, guloseimas. Verdadeiras bombas calóricas que atacam em pequenas porções. E o que fazer quando você quer evitá-las? Muito provavelmente, você acende um cigarro.

Agora, calcule quantas calorias se acumulam sempre que, em vez de acender um cigarro, você come um bombom. Um pacote contém em média dezessete unidades, ou seja, 850 calorias, que correspondem a uma pizza grande e calórica — e você ainda não vai ficar satisfeita. Esse é o problema de petiscar: você não está com fome de verdade, tampouco fica saciada. Desse modo, dá para ingerir uma infinidade de coisas, sem nunca estar satisfeita.

Seja honesta: você ainda sabe como identificar a fome? Em geral, nossa geladeira sempre estocada, uma padaria em qualquer esquina e o disque-pizza fazem com que cortemos o mal da fome pela raiz. Até não sabermos mais quando temos fome ou apenas vontade de comer. Como consequência, perdemos também nossa sensação de saciedade. Por fim, nosso termostato de calorias fica confuso e não há mais um medidor confiável para nossa real necessidade. Ou seja, comemos, comemos e comemos! Precisa ser assim? Não! Treine sua voz interior. Tente comer apenas três vezes ao dia. Anote os horário que tiver fome e observe como ela volta a desaparecer, pois seu corpo utiliza suas reservas. E melhor: perceba como o alimento fica mais saboroso quando estamos realmente com fome!

## Três refeições ao dia

Você sempre tem fome pontualmente ao meio-dia? Independentemente disso, tem fome quando acorda? Então seu metabolismo é saudável: os ritmos circadianos, ou seja, as reações que se repetem no decorrer do dia, pertencem a nossa configuração biológica. A cada quatro horas e meia a cinco horas nossa fome dá um sinal — certamente, apenas durante o dia. E está bem assim, pois à noite nosso corpo funciona no modo econômico, inclusive a digestão. Especialmente a insulina, que direciona a glicose (monossacarídeos) do sangue para as células, permanecendo em nível baixo. Quando se costuma fazer refeições tarde da noite, toda a circulação de insulina entra em descompasso — um pré-estágio do sobrepeso e da diabete. Assim, após as 20h, ou no mínimo de duas a três horas antes de ir para a cama, não coma mais nada.

Pesquisas demonstraram que refeições com horário fixo também são *fat burners*, devendo-se comer exatamente três vezes ao dia. Isso significa que nenhuma refeição da dieta *Pare de fumar agora*. *Fique em forma sempre* pode ser pulada. Faça cada refeição até ficar saciada, acomode-se em sua cadeira, tire um tempo para si e aproveite essa pausa.

## LIBERTE-SE: DESINTOXICAÇÃO E DIGESTÃO

A boa notícia: a nicotina é expelida do seu corpo naturalmente e com grande rapidez, após o consumo do último cigarro. Duas horas depois já estará reduzida à metade, após 24 horas você estará seguramente "limpa". A má notícia, porém, é que, apesar disso, você ainda sentirá falta de ar, tossirá e sua pele estará ainda com um cor acinzentada. Não, uma semana depois você ainda não terá a pele de pêssego que tanto deseja! Ao contrário: talvez sua pele fique até pior e os cabelos sem viço ou caindo. Você se sentirá horrível. Mas é natural que o cigarro deixe rastros em todo o seu corpo. Será preciso algum tempo até que eles sejam eliminados de vez, como a fumaça de sua última tragada. Contudo, a boa notícia é que você pode acelerar esse processo de recuperação.

### Quanto mais rápido, melhor

Uma consequência desagradável de se livrar da nicotina é a prisão de ventre ou constipação. Seu baixo ventre está totalmente acostumado a ser estimulado por ela. Assim que a nicotina deixa de ser ingerida, seu intestino fica preguiçoso por um tempo e a digestão torna-se mais lenta. E se você ainda ingere "substitutos" como o chocolate, aí é que nada funciona mesmo. Com a demora do processo digestivo, os produtos decompostos em seu metabolismo permanecem em contato com a mucosa intestinal durante muito mais tempo, e, por consequência também em seu corpo — o que não faz bem. Evite essa "rolha": o consumo de fibras contidas em frutas, legumes crus, grãos integrais e também muito líquido pode agilizar o trabalho de seu intestino. Ervas e temperos, como hortelã, dente-de-leão, gengibre, centáurea menor, cúrcuma, mostarda e raiz-forte, e também linhaça — em especial a amarela —, ameixas secas em calda colocam novamente seu intestino em ação. A propósito: café também estimula a digestão, porém chá preto e vinho tinto atuam como constipadores. A lactose e o isomalte, um substituto do açúcar, também auxiliam (ao contrário do açúcar normal), pois são difíceis de dissolverem-se e, dessa forma, alcançam o intestino grosso, servindo como alimento para as bactérias ali instaladas e levando líquido para o volume intestinal.

## A limpeza com substâncias amargas

Entretanto, é bom ter em mente que digestão é uma coisa, mas desintoxicação é algo que vai muito além. Nesse caso, as substâncias amargas desempenham um papel importante: estimulam o trato intestinal, ativam o pâncreas, a vesícula biliar e o fígado, além de auxiliar os rins e regular o apetite. Muitas ervas amargas, como dente-de-leão e trevo-d'água, regeneram até o pulmão. De modo geral, atuam como tonificantes, ou seja, aumentam a tensão celular, enrijecem e restauram.

Especialmente os ex-fumantes recentes deveriam saber disso: as substâncias amargas diminuem o apetite por doces que costuma acompanhar a abstinência. E onde essas substâncias entram? Em princípio, você pode deixá-las sobre a língua — uma especialista nas questões de sabores amargos.

## Beba muito líquido

Para uma boa digestão e desintoxicação, a ingestão de líquidos em quantidade adequada é essencial. Deve-se ingerir cerca de dois litros a cada 24 horas, de preferência, ao longo do dia. Entretanto, prefira bebidas de baixo teor calórico.

Beba sucos em quantidades mínimas e prefira os menos calóricos — como elixir, por exemplo, suco de romã ou um suco de laranja recém-espremido. Ideal para beber em grandes quantidades são os chás sem açúcar — você encontrará várias sugestões em nossa dieta *Pare de fumar agora*. Os chás podem ajudar a acalmar, relaxar ou estimular o processo de desintoxicação, de acordo com os princípios básicos que os compõem. O café também foi reabilitado como líquido a ser consumido. Não esqueça: como a nicotina, a cafeína estimula seu consumo de energia!

## APROVEITE O SONO E O RELAXAMENTO

Não se exercitar e ainda permanecer magra? Claro que isso não é tão fácil. Pessoas sedentárias realmente gastam menos calorias que pessoas mais ativas. Contudo, existem estudos comprovando que pessoas que dormem menos ficam acima do peso mais rapidamente. Uma pesquisa americana de 2004, realizada com 18 mil pessoas, atestou que com apenas quatro horas de sono por noite o risco de sobrepeso foi 70% maior do que em todos os indivíduos que tiveram de sete a nove horas de sono. Mesmo em seis horas de sono o aumento do risco ainda foi de 23%. O resultado causou espanto, pois normalmente partia-se do princípio de que dormir menos aumentava o consumo calórico.

Muitos outros estudos confirmaram a descoberta dessa pesquisa. O motivo parece pairar sobre os hormônios. Quem dorme menos produz menos leptina e grelina. A leptina inibe o apetite e envia sinais de saciedade ao cérebro, enquanto a grelina anuncia a fome. Cientistas consideram esse fato uma herança da idade da pedra: no verão a oferta de comida era abundante e as noites eram curtas. Condições ideais para criar uns *pneuzinhos* para se manter durante o longo inverno. Assim, quem dorme pouco envia ao corpo um sinal falso para acumular gordura. Quem dorme o suficiente tem menor interesse em comida. Em outras palavras: aproveite com a consciência tranquila de sete a nove horas de sono — isso ajuda a manter a forma.

## Relaxamento diminui o estresse

Em situações desafiadoras, fumantes frequentemente se rendem ao cigarro. Por isso é tão importante você treinar outros métodos para aliviar o estresse. Podem ser exercícios de respiração, relaxamento muscular progressivo, ioga ou, mais simples ainda, apenas exercitar o corpo com certa regularidade. O estresse coloca o corpo de prontidão — ele prepara as energias para o ataque ou para a fuga. Na melhor das hipóteses, essa tensão é liberada quando a energia é solicitada, o que apenas pode ocorrer com atividade física. A propósito: cozinhar também pode ser relaxante.

## CRIE NOVOS HÁBITOS

Fumantes sentem muita falta do cigarro entre os dedos e nos lábios. Esse movimento tornou-se um reflexo em determinadas situações — ao telefone, após acordar, ao tomar café, em reuniões sociais, após as refeições, quando o estresse chega. Quem para de fumar, não raro, apela nesses momentos para doces, guloseimas ou petiscos variados. Esse provavelmente é um motivo importante para o aumento da ingestão de calorias e essa satisfação oral traz problemas principalmente aos ex-fumantes recentes. Essencial para encontrar um substituto é que ele não contenha calorias. Dessa forma, atenha-se às seguintes recomendações:

- Ingerir líquidos pode ser um substituto, especialmente se você utilizar um *squeeze* de esportista, de forma que possa tê-lo sempre à mão (e à boca). De água mineral com raspas de limão-siciliano, passando pela *barley water* (preparado de cevada cozida com suco de laranja espremido), chá gelado até água de gengibre, tudo é permitido. Importante: não ingerir ingredientes que causem cáries — isso acaba com os dentes num instante.

- Um clássico: mascar chiclete sem açúcar — também reduz o nervosismo e ajuda.
- Solução de emergência: na mesa de trabalho, morda um lápis.
- Meu favorito: consiga alcaçuz em barras na farmácia. As barrinhas de alcaçuz têm gosto levemente adocicado e duram bastante. O ganho de calorias é praticamente zero — e também não danifica os dentes. Quando ingerido em excesso o alcaçuz pode aumentar a pressão sanguínea. Porém, você nunca correrá esse risco com a dosagem de algumas barrinhas.
- Muito recomendado: mascar cravo-da-índia (atua como calmante) ou cardamomo (proporciona um hálito maravilhoso) —, mas a experiência gustativa é extrema, eu já provei. No meu caso, prefiro o sabor da salsinha.
- Grãos de café especiais para mascar também são uma alternativa. São eficazes contra o mau hálito e ainda a deixam desperta.
- Como especialista em nutrição, posso dizer que legumes para petiscar são ideais. Praticamente sem calorias, oferecem uma experiência de mastigação ótima e ainda são saudáveis. Tirinhas de pimentão são as rainhas da vitamina C. Depois delas vêm o aipo, a cenoura, o tomate-cereja, a couve-rábano e o pepino. Acondicionados em potes bem fechados eles são a sua salvação no escritório ou até mesmo no trânsito!
- Frutas, mas com moderação, pois quem consome mais de duas porções por dia, ingere muitos carboidratos "rápidos". Em especial bananas, tâmaras, figos, abacaxi

e uvas. Melhor consumir amoras (congeladas, então, viram excelentes "balinhas"), pedacinhos de maçã ou melão e frutas cítricas.
- Frutas secas são muito saudáveis, porém, uma explosão de calorias.
- Nozes e sementes são verdadeiras bombas calóricas, mas também ricas em proteínas e gorduras. Para o desjejum ou em pratos como substitutas para carnes tudo bem, mas, por favor, não comê-las entre as refeições. Mix de nozes, amêndoas e afins, nem pensar. Os grãos livres de calorias são as castanhas e o grão-de-bico torrado (geralmente encontrados em lojas de produtos orientais). Coco fresco tem apenas metade das calorias das nozes.
- Salgadinhos, batatinhas e bolachas: não mesmo! Alimentos processados são extremamente calóricos vão direto para as células adiposas. Em casos extremos, apele para salgadinhos chineses, cereais matinais ou pipoca — mas apenas uma porção, e jamais consumir um pacote tamanho família.
- Gomas de mascar e balas mastigáveis não *diet*? Esqueça! Essas distrações açucaradas abrem um círculo vicioso: o nível de açúcar no sangue aumenta, por meio da insulina que o conduz, consequentemente o sangue diminui e rapidamente você terá fome.
- *Grissini*, pão sueco, biscoito de água e sal — todos são ricos em carboidratos. Se tiverem 200 calorias em 100 gramas (confira na embalagem), pode comê-los nessa quantidade em caso de emergência.

- Chocolates, *nougat*, doces ou bombons — de jeito nenhum! O aceitável é apenas um pedacinho de chocolate amargo, assim que a digestão começar a funcionar melhor sem a nicotina.

Algumas vezes uma "satisfação substituta" ajuda, outras, você precisa quebrar o hábito e simplesmente levantar-se, respirar fundo e se distrair com outra coisa completamente diferente.

## Descubra novos rituais

Para as situações que sempre se repetem e que antigamente você relacionava a um cigarro aceso, será preciso criar novos rituais e também celebrá-los. Pela manhã, após acordar, pode ser algo para beber — você encontrará sugestões em cada um dos planos semanais de nossa dieta. Também pode ser um exercício de ioga, como o "cumprimento ao sol" (um exercício de aquecimento clássico que pode ser encontrado em qualquer livro de ioga), massagear-se com uma bucha ou também massagear-se com seu óleo aromático favorito. Descubra aquilo que lhe faz bem.

## EXERCÍCIOS QUEIMAM MAIS CALORIAS QUE O CIGARRO

Cada pessoa tem uma necessidade individual de calorias. Não depende apenas da altura, peso, sexo, idade, mas decisivamente dos exercícios que se faz. Se a taxa metabólica em repouso de uma pessoa é de 100%, esse valor aumenta em mais 20% quando ela...

- executa uma atividade sentada (na mesa de trabalho).
- permanece em pé boa parte do tempo (trabalhadores de linha de produção ou professores).
- realiza um trabalho que requer esforço físico moderados (donas de casa, vendedores, artesãos, etc.).
- tem uma profissão que requer esforço físico de modo intenso (esportistas, serviço braçal, construção civil etc.).

Atividades esportivas aumentam a necessidade de calorias de forma considerável, em até 30%: quem se exercita por sessenta minutos ininterruptos, de quatro a cinco vezes por semana, ou seja, com corridas, caminhadas, jogando tênis, com ciclismo ou natação.

Quando você concluir que um maço de cigarros representa apenas 10% a mais de gasto calórico, e um caminhão de problemas para a sua saúde, fica claro que compensa abandonar o hábito de fumar e praticar exercícios para se manter em forma. Ademais, exercitar-se traz inúmeros benefícios para sua vida, a saber:

- auxilia a formação do tecido muscular e a manter a forma, pois a massa muscular precisa de mais energia que os tecidos adiposos.
- estimula o coração e a circulação, propiciando uma pressão sanguínea saudável.

- fortalece os ossos.
- aumenta a imunidade: estudos comprovaram que pessoas que praticam esportes ficam doentes com menos frequência.
- melhora a respiração: quando nos exercitamos precisamos respirar mais fundo para obter oxigênio, o que aumenta continuamente a capacidade do pulmão, trazendo mais oxigênio ao corpo. Isso tem grande importância, especialmente para ex-fumantes.
- dá sensação de felicidade, pois estimula a produção de endorfinas (substâncias semelhantes ao ópio produzidas pelo próprio corpo), bem como hormônios do prazer, como a serotonina — semelhante em atuação à nicotina. Ou seja, ideal para ex-fumantes.

Capítulo 4

# A DIETA *PARE DE FUMAR AGORA*

# As oito regras
## Fique em forma

Neste capítulo você conhecerá as regras para manter o peso e descobrirá quais são os alimentos mais adequados para a dieta *Pare de fumar agora* e quais não são aconselháveis. O conceito dessa mudança de hábitos alimentares destina-se a quatro semanas, pois o seu corpo precisa se acostumar a estar livre da nicotina. De preferência, comece a dieta quando realmente decidir parar com tabaco. Porém, caso você já tenha deixado o cigarro há algumas semanas e engordou, essa dieta também irá ajudar.

A dieta *Pare de fumar agora* deve começar numa segunda-feira. Ela engloba um programa alimentar rígido, associado a exercícios físicos e relaxamento — direcionados exatamente para as dificuldades que surgem após o corpo começar a se livrar da nicotina. Parece complicado, mas é bem fácil e foi adaptado para mulheres que trabalham fora. Você encontrará aqui receitas rápidas e fáceis, dicas de pratos prontos e conselhos para problemas típicos que surgem nesse período de abstinência.

Agora você já sabe por que precisa mudar seus hábitos alimentares, mas ainda não sabe como isso pode acontecer de maneira concreta. Os oito pilares que sustentam a dieta — e como eles funcionam de forma bastante prática, estão descritos abaixo:

### I ª REGRA
#### Ingerir muita proteína magra, carboidratos "lentos", gordura boa e uma taça de vinho

A questão da proteína magra deve-se ao fato de que, com frequência, a proteína normalmente ingerida é de origem animal, como os laticínios, a carne e afins, e que contêm muita gordura. Ou seja, preste atenção à quantidade de gordura nos alimentos proteicos. Contudo, muito da proteína "magra" de origem vegetal está contida nas leguminosas, em produtos integrais, no cogumelo e na batata. Em combinação com carne e peixe, elas oferecem uma saciedade extraordinária. Um bom exemplo: molho *chili* com carne moída e feijão-vermelho, ou risoto de *funghi* com filé de peito de peru, ou salada de lentilha com *bresaola* (presunto de carne-seca curada e curtida).

Além disso, deve-se evitar os carboidratos "rápidos" do açúcar e da farinha de trigo que, ao contrário dos carboidratos "lentos", são transformados instantaneamente em gordurinhas. Digeridos num piscar de olhos, eles aumentam o nível de açúcar no sangue e, em contrapartida, liberam a descarga de insulina, fazendo o açúcar fluir para as células, convertendo-se em gordura. Como consequência, o nível de açúcar no sangue despenca e o alarme da fome é acionado outra vez, embora já se tenha comido. As substâncias que engordam concentram-se em refrigerantes, café instantâneo, cereais açucarados, doces, tortas, pudins ou iogurtes com frutas. Por isso, use sempre adoçantes e/ou prefira produtos sem açúcar.

Entretanto, evite não apenas os carboidratos "rápidos" das guloseimas, mas também aqueles encontrados nos pães de forma branco, nas torradas brancas, nas baguetes, macarrão, arroz branco e purê de batata. Esses alimentos saciam apenas por pouco tempo — e o que é natural, a fome logo reaparece. Procure substituí-los por pão ou torrada integral, cereais integrais, massas integrais (elas estão mais saborosas do que antigamente), arroz integral parboilizado (de preferência, *basmati* ou arroz indiano) e batata com casca. Você deve sempre abusar dos legumes e verduras que funcionam como uma fonte de energia, permitindo um emagrecimento sem sentir-se fraca.

No caso das gorduras, há uma diferença drástica: gordura de peixe e gordura vegetal (especialmente de nozes, mas também do óleo de canola, óleo de soja, azeite de oliva e gérmen de trigo) são supersaudáveis e fazem com que suas veias fiquem livres de entupimentos. Elas atuam como antioxidantes, muito importante para quem abandonou o vício do fumo. Por outro lado, as gorduras animais contidas na carne, nos laticínios em geral, por exemplo, entopem as veias, um perigo para os ex--fumantes que não podem ter sua circulação afetada.

O consumo moderado de vinho e espumantes é permitido na dieta *Pare de fumar agora* porque eles estimulam a circulação sanguínea e, com isso, o metabolismo. Atenha-se ao vinho seco, de preferência com água mineral com gás, que aumenta a ação estimulante e, ou aprecie um copo de espumante seco, *prosecco*, frisantes e champanhe. Além do mais, essas bebidas contêm substâncias bioativas preciosas, como polifenóis, que também atuam como antioxidantes. Porém, evite cerveja, bebidas com percentual alcoólico alto ou coquetéis: elas engordam por seus carboidratos adicionais.

## 2ª REGRA
### Faça três refeições ao dia

O plano de alimentação de quatro semanas deste livro traz receitas sofisticadas para o café da manhã, almoço e jantar. Nesta dieta devem ser feitas três refeições ao dia — você pode definir os horários, mas lembre-se de que é importante manter intervalos e horários regulares. Dessa maneira, organize-se tanto na compra dos ingredientes quanto na preparação dos alimentos: dessa forma, você já poderá preparar de véspera o almoço do dia seguinte.

Muitos dorminhocos renunciam sem problemas ao café da manhã. Porém, durante essas quatro semanas não se pode ignorá-lo de forma alguma, nem simplesmente adiá-lo. O importante é que após acordar beba algo estimulante para que a circulação funcione a todo vapor, e também para que o metabolismo e a digestão sejam estimulados. Para tanto, em cada semana da dieta incluímos um *mix* especial: a bebida da manhã.

As receitas são criadas de tal forma que as mulheres que trabalham fora podem levar seu almoço para o local de trabalho — por esse motivo há diversas saladas que saciam, com muita variedade de legumes e verduras, carne ou peixe. Quem não gosta de almoçar sozinha e prefere ir ao refeitório ou a um restaurante com os colegas, deve apenas fazer a escolha certa e se ater ao plano estabelecido para aquele dia.

À noite, em casa, é hora de cozinhar! Não tenha medo, pois não há nada de complicado nisso. Nunca se esqueça que pratos prontos não atacam apenas o bolso, mas também possuem poucos nutrientes realmente importantes para seu organismo e, contêm ingredientes adicionais sem quaisquer nutrientes. Preparados de qualquer maneira, menos na forma ideal que a ajude na sua intenção de parar de fumar e ainda manter o peso.

Para cada jantar existe uma salada de entrada. Se você não quiser preparar uma salada fresquinha, pode também montá-la num restaurante por quilo ou comprá-la pronta e embalada no supermercado.

É importante que você prepare seu próprio tempero para que dure para toda a semana. Existe aí a vantagem de que poderá empregá-la na quantidade exata — e quando sentir fome ao voltar do trabalho, poderá comer uma salada gostosamente temperada antes de começar a cozinhar. Dessa forma, você evita devorar qualquer bobagem em um ataque desesperado de fome.

### 3ª REGRA
#### Não beliscar

Você não pode beliscar algo toda vez que sentir aquele desejo de acender um cigarro. Se começar a ficar nervosa e não conseguir aguentar quatro ou cinco horas sem comer, e quiser segurar algo entre os dedos, lance mão de legumes crus cortados em tirinhas. Você pode comê-los em qualquer quantidade, sem limites.

Com as receitas da dieta *Pare de fumar agora* você vivenciará uma experiência nova: sua vontade de comer doces desaparecerá, ou no mínimo, diminuirá. Caso ela ainda surja, então você pode utilizar, como já foi comentado anteriormente, adoçantes ou substâncias que substituam o açúcar, como o isomalte. Os substitutos do açúcar têm, quando muito, metade das calorias do açúcar, não provocam cáries e são responsáveis por uma sensação de saciedade mais duradoura. Como esse açúcar é processado com mais lentidão pelo organismo, parte dele alcança o intestino grosso, ativa a flora intestinal e, dessa forma, atua como um laxante leve. Para ex-fumantes é uma característica bem-vinda, pois no início da interrupção do consumo de nicotina eles enfrentam dificuldades gastrointestinais. Você encontra isomalte em farmácias e drogarias, utilizando-o como açúcar, com metade do seu poder adoçante, mas também com metade da suas calorias.

### 4ª REGRA
**Beber muito líquido — o máximo possível sem calorias**

Ingerir líquidos pode se tornar um positivo método de substituição para ex-fumantes recentes. Mas, cuidado! Algumas bebidas fazem as pessoas ganharem peso rapidamente.

Para muitos fumantes, uma xícara de café está totalmente associada a um cigarro logo depois. Nesses casos é razoável que troque temporariamente o café por outra bebida também estimulante ou que você aprecie sem lembrá-la dos cigarros. Em cada semana da dieta *Pare de fumar agora* há uma sugestão de bebida. De preferência, prepare uma garrafa térmica dessa "bebida substituta", assim se ficar inquieta ou pensar em comida, poderá servir-se da bebida. Por exemplo, em alguns minutos um delicioso chá está preparado e pronto para ser engarrafado. Se precisar prepará-lo no momento do desespero, poderá acabar rendendo-se a um suco bem calórico que está pronto na geladeira.

## 5ª REGRA
### Ser tão natural e simples quanto possível

"Simples e bonito" — de acordo com esse lema você deve cozinhar e comer. Em sua forma original, a maioria dos alimentos contém todos os tipos de substâncias importantes e revelam uma quantidade bastante elevada de água. Pense no açúcar, em confeitos, no leite, na manteiga, nos grãos de soja e no óleo. Todos esses alimentos são processados e na sua industrialização perdem líquido, vitaminas, minerais e substâncias bioativas, mantendo no entanto a mesma quantidade de calorias, se não muito mais.

Na verdade, quanto maior a quantidade de líquido de um alimento, maior o seu volume e, dessa forma, mais bem preenchido estará seu estômago ao ingeri-lo. Contudo, você não precisa se alimentar apenas com produtos orgânicos. Sempre que puder, ou quiser, coma algo cru. Saladas e sopas também são extremamente ricas em líquido — você encontrará receitas no nosso programa de quatro semanas.

## 6ª REGRA
### Exercitar-se diariamente

Diversos estudos comprovam que os fumantes que se submeteram a exercícios físicos após deixar o tabaco não engordaram. Por isso, em nosso plano de alimentação há também um programa de exercícios físicos que lhe será útil para desviar o pensamento do cigarro e, ao mesmo tempo, a ajudará manter a forma. Siga os programas, observe como você reage a cada exercício. E se quiser fazer mais do que o recomendado, fique à vontade, pois exercícios não apenas modelam e enrijecem os músculos, mas melhoram o humor, queimam calorias e inundam o corpo de oxigênio. Você pode transformar o estresse em algo positivo, uma força que o ajudará a enfrentar os desafios da vida com mais prazer — e já como ex-fumante. Além disso, os exercícios físicos serão seu grande aliado, pois, acima de tudo, atuam contra a inquietação e o nervosismo frequentes nos primeiros tempos em que se abandona o vício.

### 7ª REGRA
#### Dormir o suficiente

Sete a nove horas, pelo menos, é quanto um bom sono deve durar de acordo com estudos científicos. Claro que existem exceções — o que não é motivo para ficar acordada sem precisar, podendo, inclusive, tirar uma soneca após o almoço sem sentir-se culpada. No fim das contas, isso influi na sua produtividade e previne as recaídas para voltar a fumar. Quando você realmente tiver insônia em decorrência de excesso de trabalho, obrigações ou estresse, não tente compensar com comida. Esse é um problema constante para quem trabalha à noite. Isso aconteceu comigo no passado, quando eu ainda trabalhava como comissária de bordo em voos noturnos. A sensação de esgotamento é mal interpretada, tendo-se a impressão de que se tem fome: você come, porém fica ainda mais cansada. Tente, em vez disso, compensar com uma soneca o mais rápido possível.

Ademais, encontre um momento, de forma consciente, para os rituais de relaxamento. Pode ser de imersão na banheira com óleos aromáticos, uns momentos em uma sauna, praticando ioga ou meditação. Descubra o que lhe faz bem e aproveite.

## 8ª REGRA
### Recompensar-se

Junte o dinheiro que antes você gastava com cigarro em um cofrinho. Essa economia está lá apenas para você — não importa se vai gastar com massagens, no salão de beleza, em ingressos para o cinema ou com passeios. Se você esperar tempo suficiente antes de abrir o cofrinho, poderá até mesmo realizar uma pequena viagem!

# 1ª Semana

## O pontapé inicial para a digestão

Como parar de fumar e sentir-se bem num piscar de olhos? Má notícia, isso é utopia. Seu corpo precisa primeiro se acostumar e normalmente isso implica intestino preguiçoso, constipação e mau humor: nada mais funciona. Com nossa dieta você poderá evitar todos esses inconvenientes, desde o primeiro dia! Ameixas, hortelã, repolho e igual quantidade de chá mantêm sua digestão a todo vapor — e você de bom humor, é claro. Muito importante nessa semana também é a prática de esporte de resistência, como caminhadas e corridas, pois eles estimulam a atividade intestinal.

As pesquisas já comprovaram: logo no primeiro dia após o corpo não receber mais nicotina, a passagem dos alimentos pelo intestino grosso fica mais lenta. É o tempo que o quimo (nome que se dá ao alimento quando chega ao intestino) precisa para se deslocar pelo trato intestinal. Isso provoca lentidão, especialmente no intestino grosso. A nicotina estimula esse movimento, graças ao qual o conteúdo é transportado. Então começa o círculo vicioso: no intestino grosso, retira-se líquido do quimo — o corpo restaura o que ele adiciona ali com os sucos intestinais. Quanto mais quimo se encontra no intestino grosso, mais líquido é retirado — aí surge a constipação, uma sensação bastante desconfortável. Os produtos em decomposição ficam por muito mais tempo em contato com a mucosa intestinal — dessa forma, substâncias prejudiciais às células atuam sobre essa mucosa, o que também é negativo. Nosso cardápio da primeira semana impede essa desordem com o uso de ingredientes especiais:

- fibras são indispensáveis. Por isso, há uma quantidade de legumes e leguminosas, como repolho, feijões-vermelhos, ervilhas, alho-poró.
- legumes crus devem ser incluídos na salada todos os dias. Ideal: sempre picar um pouco de repolho, rabanete e/ou rábano, pois esses legumes têm ação laxativa.
- muito eficaz: o soro de leite, que é utilizado em alguns molhos para a salada semanal. Ele possui muita lactose natural, que alcança o intestino sem se romper, repõe os seus líquidos e proporciona uma flora intestinal saudável.
- mostarda, gengibre, pimentão, hortelã e cúrcuma estimulam a digestão.
- linhaça, ameixas-pretas em calda e flocos de aveia com farelo de trigo são verdadeiras bombas de fibras. Porém, funcionam apenas se ingeridos em grande quantidade.
- iogurtes probióticos também ajudam na digestão, pois possuem culturas bacterianas especiais que alcançam o intestino e proporcionam uma flora intestinal saudável. Porém, são eficazes somente se ingeridos com regularidade.
- Líquidos, líquidos e mais líquidos, principalmente chá de hortelã.

## E o humor?

Quando você decide deixar o cigarro, deve, no mínimo, alimentar-se bem. Compre ingredientes da melhor qualidade, faça compras se possível duas ou três vezes por semana — tomar ar fresco também faz bem à pele. Considere a semana como uma terapia para todo o corpo. Não se pese diariamente em hipótese alguma, apenas uma vez por semana, sempre pela manhã. Um ponto muito positivo: graças à decisão de parar de fumar, não sobrará apenas mais dinheiro (direto para o cofrinho!), mas também mais tempo. Agora você precisa apenas de seu plano de alimentação, especialmente se não estiver acostumada a cozinhar. Nada de pânico: divirta-se com essa nova experiência. O melhor seria começar a pensar visitar uma loja de produtos orientais ou um bom empório. Você precisará de legumes, verduras e frutas que talvez não tenha em casa. Escolha-os bem. Nas casas de especiarias você pode conseguir ingredientes maravilhosos e também aprende a fazer misturas totalmente novas.

Uma boa digestão é decisiva para o bem-estar e exatamente aí que a dieta tem influência positiva. Nada de medo! Passar fome é proibido em nosso programa *Pare de fumar agora. Fique em forma sempre!*

Seja durante o dia ou à noite, utilize o tempo que tiver disponível para fazer mais exercícios, ler um livro ou algo que lhe dê sempre muito prazer. Isto é parte integrante deste nosso programa.

## O café da manhã

Comece cada dia desta primeira semana tomando, logo ao acordar, um copo de chá de hortelã, de preferência sem adoçar. Os óleos essenciais contidos nele, substâncias amargas e substâncias tânicas têm influência positiva sobre o corpo. Atuam como anticâimbra e ajudam em problemas estomacais, distúrbios digestivos e resfriados. Se você não conseguir abster-se de um adoçante, misture no máximo uma colher de chá de lactose, isomalte ou algum adoçante na bebida.

Prepare o chá de hortelã da seguinte maneira: para cada copo de água fervente adicione de quatro a cinco folhas de hortelã crespa e deixe em infusão por 5 minutos.

## OPÇÕES DE CAFÉ DA MANHÃ

Para o café da manhã há três sugestões. Você pode escolher em cada dia o que deseja comer.

**Cereal com aveia e frutas**
Rendimento: 1 Porção

O farelo de aveia estimula a digestão, pois contém muitas fibras, o creme de maçã e o iogurte também. Quem tem maiores problemas de constipação pode acrescentar uma colher de sopa de semente de linhaça amarela. As amêndoas são para ser petiscadas em seguida.

1. Misture o iogurte com o creme de maçã e a canela e adicione os cereais de aveia com delicadeza.
2. Adicione, também com delicadeza, as frutas sobre a aveia e deguste este saboroso e nutritivo desjejum.
3. Coma a amêndoas em seguida.

## Tostado com creme de ameixa-preta
Rendimento: 1 porção

A ameixa-preta é muito empregada contra a constipação. Macerada, ela se torna um delicioso creme. A coalhada dá a sensação de saciedade.

1. Corte as ameixas em pedaços grandes e, de véspera, à noite, deixe-os de molho no suco de laranja.
2. Na manhã seguinte, retire os pedaços de ameixa do suco e esmague-os com um garfo até formar um creme.
3. Toste o pão, passe a coalhada por cima e cubra com o creme de ameixa. Se quiser, beba o suco de laranja antes. É ótimo para o intestino.

## Pão com ovo picante
Rendimento: 1 Porção

Ovos saciam por muito tempo. Mostarda e pimenta estimulam a digestão, pimentão e grãos integrais fornecem fibras. Importante: beber líquido o suficiente.

1. Cozinhe o ovo por cerca de sete minutos ou até ele ficar bem duro. Resfrie o ovo e descasque-o. Reserve.
2. Passe uma boa camada de mostarda sobre a fatia de pão e polvilhe pimenta-turca.
3. Lave o pimentão, elimine o talo e o miolo e corte-o em tiras estreitas. Coma as tiras de pimentão e o ovo com o pão.

## BEBIDAS PARA O CAFÉ DA MANHÃ

Uma bebida alternativa para o desjejum é café *espresso* com leite desnatado e um pouco de chocolate em pó (com baixo teor de gordura). Os amantes de chá devem optar pelo chá preto ou verde, pois eles também contêm cafeína, que aumenta a atividade circulatória e tem propriedades estimulantes. A quantidade de cafeína presente no chá é pequena, porém o efeito é mais duradouro em comparação ao do café. Quem sofrer de constipação, deve tomar uma xícara de chá laxativo antes de comer.

## OPÇÕES DE SALADA

Há uma opção de salada com molho para cada dia da semana. Você pode escolher entre as saladas de folhas de sua preferência. As folhas são compostas principalmente de água, ou seja, contém poucas calorias, mas fazem volume — isso enche o estômago e dá a sensação de saciedade. Por isso, vale a pena comer salada o quanto desejar. Contudo, o consumo de molho deve ser limitado, pois, em geral, ele possui muitas calorias.

Os preciosos componentes das folhas verdes atuam como calmante e, ingeridas no jantar ajudam a promover um sono tranquilo. Porém, para que esses componentes isentos de gordura possam ser mais bem absorvidos pelo organismo, a salada deve ser temperada apenas com óleo. As fibras da folhas auxiliam também na digestão e suas substâncias amargas fortalecem o sistema imunológico.

Nesta primeira semana de dieta, o rabanete ou o rábano e um pouco de repolho devem incrementar a salada para estimular ainda mais a digestão. Chucrute pronto você consegue nas seções de frios em supermercados e lojas de produtos naturais. Importante: se for utilizar chucrute pronto não o lave, pois está fermentando, e se o fizer perderá o valor nutricional.

Você deve preparar o molho para a salada às segundas-feiras, numa quantidade que dure para a semana toda. Para utilizar a quantidade certa diária, faça marquinhas de medida em uma garrafa de vidro. Para tanto, encha um medidor com 100 ml de molho (que é a quantidade diária para duas pessoas) e despeje na garrafa. A cada adição de molho faça uma marcação na garrafa. Repita a operação por mais seis vezes, de forma que a garrafa contenha a quantidade correta para sete dias. A cada dia, use a medida indicada. Agora, vamos preparar o molho e encher sua garrafa:

## Molho para a 1ª Semana
Rendimento: 14 Porções

1. Coloque o iogurte, o óleo e a mostarda no copo do liquidificador.
2. Lave o limão-galego e raspe a casca bem fino. Esprema o limão. Adicione a raspa de casca e o suco de limão no copo do liquidificador.
3. Lave a pimenta dedo-de-moça, abra-a ao meio, elimine o miolo e pique-a bem. Lave em água corrente a cebolinha e a salsa e pique-as bem fino. Junte tudo aos outros ingredientes.
4. Tempere com sal e pimenta-do-reino e bata no liquidificador por alguns segundos. Despeje o conteúdo do liquidificador na garrafa marcada com as medidas diárias e mantenha-a na geladeira para uso posterior.

**Ingredientes**
- 300 ml de iogurte natural *light*
- 100 ml de óleo de canola
- 4 colheres de sopa de mostarda picante (dijon)
- suco e raspas da casca de 1 limão-galego
- 1 pimenta dedo-de-moça fresca
- 1 maço de cebolinha
- 1 maço de salsa
- sal a gosto
- pimenta-do-reino moída a gosto

**Informação nutricional**
77 kcal
7 g gordura
2 g carboidrato
1 g proteína

## Segunda-feira — Almoço

### Salada de cuscuz com salaminho
Rendimento: 1 Porção

**Ingredientes**
- 1 limão-siciliano
- 120 ml de água filtrada
- sal a gosto
- 1 colher de chá de azeite de oliva
- 60 g de cuscuz marroquino
- 1 pimentão vermelho
- 1 pimenta dedo-de-moça
- 1 maço de hortelã
- 1 colher de sopa de alcaparras
- pimenta-do-reino moída a gosto
- 30 g de salaminho cortado em fatias finas

**Informação nutricional**
452 kcal
18 g gordura
58 g carboidrato
15 g proteína

1 Lave o limão, raspe a casca e esprema o suco. Adicione 120 ml de água filtrada ao suco obtido, salgue, adicione a casca do limão e o azeite, misture o cuscuz e deixe crescer em uma tigela..

2 Lave e abra o pimentão e a pimenta dedo-de-moça, elimine o talo e o miolo de ambas. Corte o pimentão em tiras e a pimenta em quadradinhos. Lave as folhas de hortelã em água corrente, escorra e retire o excesso de água com papel-toalha. Pique as folhas bem fininhas.

3 Acrescente na tigela do cuscuz o pimentão, a pimenta dedo-de-moça picados, a hortelã e as alcaparras ligeiramente amassadas.

4 Tempere tudo com sal e pimenta-do-reino e sirva a salada acompanhada das fatias de salaminho.

LIVRE DO CIGARRO

**1ª semana**

**Dia 1**

Segunda-feira — Jantar

**Fusili com frango picante**
Rendimento: 2 Porções

1. Aqueça o caldo de legumes em uma panela. Descasque o gengibre e esprema-o sobre o caldo com um espremedor de alho. Moa os grãos de pimenta e adicione ao caldo. Assim que começar a ferver, coloque o peito de frango inteiro e tampe a panela. Deixe cozinhar em fogo baixo por cerca de dez minutos. O caldo deve apenas ferver levemente, nunca borbulhar. Então, retire a carne da panela e deixe esfriar.
2. Retorne o caldo ao fogo e cozinhe o macarrão por cerca de cinco minutos. Em seguida, acrescente a ervilha e deixar ferver.
3. Enquanto isso, corte o frango em cubos. (*Importante:* separe cerca de 80 g da carne de frango cozida e 150 ml do caldo para o almoço do dia seguinte.)
4. Lave a rúcula, pique-a e coloque tudo no caldo com os cubos de carne de frango. Acrescente o pesto verde e tempere com sal e pimenta-do-reino.

**Ingredientes**
- 600 ml de caldo de legumes
- 1 pedacinho de gengibre (2 cm)
- 1 colher de chá de grãos de pimenta vermelha
- 350 g de peito de frango
- 75 g de macarrão fusili
- 150 g de ervilha congelada
- 50 g de rúcula
- 1 colher de chá de *pesto* verde seco
- sal a gosto
- pimenta-do-reino moída a gosto

**Informação nutricional**
383 kcal
15 g gordura
20 g carboidrato
36 g proteína
(mais a salada semanal)

Terça-feira — Almoço

## Salada de abacate com frango e chili
Rendimento: 1 Porção

**Ingredientes**
*Para a salada*
- 1 maço de rúcula
- 75 g de tomate-cereja
- 75 g de peito de frango (do dia anterior)
- 1 abacate pequeno
- sal a gosto
- pimenta-do-reino moída a gosto
- salsa

*Para o molho:*
- 1 colher de chá de mostarda picante
- 1 colher de chá de azeite de oliva
- 2 colheres de sopa de suco de limão-siciliano
- 2 colheres de sopa de água

*Para o caldo:*
- 150 ml de caldo de frango (do dia anterior)
- duas pitadas de pimenta chili

**Informação nutricional**
440 kcal
37 g gordura
6 g carboidrato
21 g proteína
(mais a salada semanal)

1. Lave as folhas de rúcula em água fria, retire o excesso de água e seque-as bem com papel toalha. Rasgue as folhas pela metade e coloque-as numa saladeira. Acrescente os tomates-cereja cortados ao meio. Pique o peito de frango e misture-o na salada.
2. Descasque o abacate por inteiro, corte-o em pequenos cubos e tempere-os com sal, pimenta e salsinha. Em seguida, coloque-os sobre a mistura de rúcula e frango.
3. À parte, misture todos os ingredientes do molho e despeje uniformemente sobre a salada.
4. Aqueça bem o caldo de frango com pimenta chili e sirva com a salada.

**1ª semana**

**Dia 2**

Terça-feira — Jantar

## Batata cozida com coalhada temperada
Rendimento: 2 Porções

1. Cozinhe a batata com casca por cerca de 20 minutos, em uma panela com bastante água salgada. *Importante:* separe 150 g de batata e guarde-a em um pote plástico na geladeira para o almoço do dia seguinte. Reserve o restante.
2. Lave a pimenta dedo-de-moça, abra-a ao meio, elimine o miolo e pique-a bem fininho. Reserve.
3. Em uma tigela, misture bem a coalhada seca com a água e o suco de limão. Em seguida, adicione as sementes de linhaça e a pimenta picada e misture bem. Então, tempere a mistura de coalhada com pimenta chili e sal.
4. Sirva a batata cozida com a coalhada temperada.

**Ingredientes**
- 750 g de batata
- 1 colher de chá de sal
- 1 pimenta dedo-de-moça fresca
- 500 g de coalhada seca desnatada
- 100 ml de água
- 2 colheres de sopa de suco de limão-siciliano
- 2 colheres de sopa de sementes de linhaça amarelas
- uma pitada de pimenta chili
- sal a gosto

**Informação nutricional**
403 kcal
1 g gordura
55 g carboidrato
40 g proteína
(mais a salada semanal)

## Quarta-feira — Almoço

### Salada italiana com salsicha de peru
Rendimento: 1 Porção

**Ingredientes**
- 150 g de batata (do dia anterior)
- 200 g de tomate-cereja
- 30 g de tomate seco em conserva
- 1 colher de sopa de vinagre balsâmico branco
- 1 colher de sopa de purê de tomate
- 1 colher de sopa de mostarda picante
- 100 g de mussarela *light*
- sal a gosto
- pimenta-do-reino moída a gosto
- 1 xícara de chá de folhas de manjericão lavadas
- 1 salsicha de peru

**Informação nutricional**
417 kcal
15 g gordura
35 g carboidrato
33 g proteína

1 Descasque a batata cozida e corte-a em quadradinhos. Em seguida, lave o tomate-cereja e corte-o ao meio. Reserve em uma travessa.

2 À parte, pique o tomate seco em pedacinhos. Junte o vinagre, o purê de tomate e a mostarda. Polvilhe sal e pimenta e misture este molho na travessa com a batata.

3 Corte a mussarela em quadradinhos e rasgue as folhas de manjericão. Espalhe tudo uniformemente na travessa da batata. Coma a salada com a salsicha de peru.

LIVRE DO CIGARRO

**1ª semana**

**Dia 3**

Quarta-feira — Jantar

## Linguini com camarão ao molho de laranja
Rendimento: 2 Porções

1. De véspera (noite de terça-feira), lave e corte o pimentão ao meio. Elimine o talo e o miolo e pique-o bem miúdo numa tigela média. Raspe a casca da laranja e esprema o suco. Junte-os na tigela com o alho picado. Misture bem. Tempere o camarão pitu com pimenta e misture-os na marinada de laranja. Cubra a tigela com filme PVC transparente e guarde-a na geladeira.
2. No dia seguinte, elimine a raiz do alho-poró, lave bem os talos em água corrente e. divida-o em tiras com 5 cm de comprimento.
3. Cozinhe o macarrão em água fervente salgada por cerca de 8 minutos, deixando *al dente*. Durante este cozimento do macarrão, aqueça o azeite em uma frigideira. Retire o camarão da marinada, reservando o líquido. Em seguida, frite-o ligeiramente e retire-o da frigideira.
4. Murche o alho-poró na mesma frigideira com sal e pimenta. Adicione a marinada e deixe cozinhar por cerca de 15 minutos sem tampar, até o alho-poró ficar crocante.
   *Importante*: reserve metade do alho-poró da frigideira, juntamente com 1/3 do camarão frito e guarde na geladeira para o almoço do dia seguinte.
5. Para finalizar, escorra o macarrão e misture-o bem com o restante do camarão e do alho-poró. Se necessário, ajuste o tempero.

**Ingredientes**
- 1 pimentão vermelho
- 1 laranja
- 1 dente de alho picado
- 400 g de camarão pitu limpo
- pimenta-do-reino moída a gosto
- 4 talos de alho-poró
- 100 g de macarrão tipo linguine
- sal a gosto
- 1 colher de sopa de azeite de oliva

**Informação nutricional**
335 kcal
11 g gordura
28 g carboidrato
30 g proteína
(mais a salada semanal)

*Dagmar von Cramm • Jenny Levié*

Quinta-feira — Almoço

## Salada de milho com camarão
Rendimento: 1 Porção

**Ingredientes**
- 1/2 lata de milho em conserva drenado (cerca de 140 g)
- alho-poró (do dia anterior)
- camarão fritos (do dia anterior)
- 1 colher de chá de azeite de oliva
- 2 colheres de chá de mostarda picante
- 1 maço de cebolinha
- sal a gosto
- pimenta-do-reino moída a gosto

**Informação nutricional**
334 kcal
10 g gordura
22 g carboidrato
37 g proteína

1. Misture o milho, inclusive seu mosto, com o alho-poró e o camarão em uma vasilha.
2. Junte o azeite e a mostarda e misture. Lave a cebolinha, corte-a em formato de anéis e adicione na salada. Polvilhe sal e pimenta.

**1ª semana — Dia 4**

Quinta-feira — Jantar

## Hot Chili com Carne
Rendimento: 2 Porções

1. Lave as pimentas dedo-de-moça, elimine as sementes e pique-as em pedacinhos. Lave o pimentão, retire o talo e o miolo e corte-o em pedaços pequenos. Reserve.
2. *Importante*: misture 100 g do molho tártaro com a coalhada, flocos de aveia, mostarda e sal até formar uma massa homogênea. Adicione 150 g da carne moída, 1/3 da pimenta dedo-de-moça e da cebola picada e amasse bem. Forme duas almôndegas ligeiramente achatadas e polvilhe-as com a pimenta-turca. Aqueça metade do azeite numa frigideira e frite as almôndegas até ficarem douradas dos dois lados. Depois que esfriarem, embrulhe-as em papel de alumínio e guarde-as na geladeira para o almoço da sexta-feira.
3. Esquente o restante do azeite numa frigideira grande e alta. Frite ligeiramente o alho, o pimentão picado e o restante da cebola. Adicione o restante da carne moída e da pimenta dedo-de-moça e refogue até a carne perder a cor avermelhada. Então, salpique a gosto, mexendo sempre.
4. Acrescente o tomate pelado, cortado em pedaços, e o feijão vermelho com o mosto. Polvilhe sal, a pimenta-do-reino, a pimenta chili e a páprica e deixe cozinhar por cerca de 10 minutos, mexendo de vez em quando. Coma acompanhado do molho tártaro que sobrou.

**Ingredientes**
- 3 pimentas dedo-de-moça frescas
- 1 pimentão vermelho pequeno
- 350 g de molho tártaro
- 50 g de coalhada desnatada
- 2 colheres de sopa de flocos de aveia
- 4 colheres de chá de mostarda picante
- uma pitada de sal
- 300 g de carne moída
- 1 cebola grande bem picada
- uma pitada de pimenta-turca
- 2 colheres de sopa de azeite de oliva
- 1 dente de alho picado
- 1 lata de tomate pelado
- 1 lata de feijão vermelho drenado
- sal a gosto
- uma pitada de pimenta-do-reino
- uma pitada de pimenta chili
- uma pitada de páprica doce

**Informação nutricional**
362 kcal
10 g gordura
26 g carboidrato
41 g proteína
(mais a salada semanal)

Sexta-feira — Almoço

## Salada de repolho e abacaxi com almôndegas
Rendimento: 1 Porção

**Ingredientes**
- 1 repolho pequeno (200 g)
- 150 ml de caldo de legumes
- 1 fatia grossa de abacaxi fresco (100 g)
- 1 pimenta dedo-de-moça fresca
- 1 colher de sopa de vinagre de vinho branco
- uma pitadinha de cominho
- 1 pedaço de gengibre (1 cm)
- sal a gosto
- pimenta-do-reino moída a gosto
- almôndegas (do dia anterior)

**Informação nutricional**
419 kcal
15 g gordura
35 g carboidrato
35 g proteína

1. Lave bem o repolho, corte-o em tiras bem finas e coloque tudo em uma travessa. Aqueça o caldo de legumes e despeje-o sobre a verdura, amassando com um garfo. (No caso de repolho ser macio não é necessário amassar).

2. Corte a fatia de abacaxi em cubinhos. Lave a pimenta dedo-de-moça, abra-a ao meio e retire as sementes. Pique-a bem. Misture ambos com o repolho.

3. Descasque o gengibre e esprema-o em um espremedor de alho sobre a salada. Tempere com o vinagre, o cominho, a pimenta-do-reino e sal a gosto.

4. Almoce as almôndegas preparadas no dia anterior com a salada.

LIVRE DO CIGARRO

**1ª semana**

**Dia 5**

Sexta-feira — Jantar

## Rolinhos de presunto de peru com abacaxi e arroz com repolho
Rendimento: 2 Porções

1. Lave o repolho e corte-o em tiras. Aqueça o óleo de gergelim em uma panela e refogue ligeiramente o arroz com o tempero chinês. Acrescente o repolho, refogue-o por 2 minutos, mexendo sempre. Adicione 300 ml de água, o sal e a pimenta chili. Deixe cozinhar com a panela tampada por 15 minutos em fogo baixo.
2. Enquanto isso, divida o abacaxi em quatro fatias, cortando-o verticalmente. Despreze o miolo duro da fruta. Em seguida, corte dois palitos de cada fatia com cerca de 2 cm de espessura. Então, enrole cada palito de abacaxi numa fatia de presunto e espete um palito de dente.
3. Coloque os rolinhos na panela do arroz nos últimos 5 minutos do cozimento para que aqueçam.
4. Para ir à mesa, transfira os rolinhos da panela para uma travessa e coloque o arroz com repolho em outra.

*Importante*: reserve 1/3 do arroz com repolho cozido e guarde-o na geladeira para o almoço de sábado.

**Ingredientes**
- 1 repolho grande (700 g)
- 1 colher de sopa de óleo de gergelim
- 1 colher de chá de tempero chinês (*hoisin sauce*)
- 120 g de arroz parboilizado
- 300 ml de água
- 2 colheres de chá de sal
- 1 colher de chá de pimenta chili
- 1/2 abacaxi descascado
- 100 g de presunto de peru (cortado em fatias finas)

**Informação nutricional**
434 kcal
6 g gordura
70 g carboidrato
18 g proteína
(mais salada semanal)

## Sábado — Almoço

### Arroz com repolho e carne-seca
Rendimento: 1 Porção

**Ingredientes**
- 1 pimenta dedo-de-moça fresca
- 1 cebola
- 1 pimentão
- 80 g de carne-seca
- arroz com repolho (do dia anterior)
- 1 colher de chá de óleo de canola
- 1 colher de chá de mostarda picante
- 2 colheres de sopa de vinagre de vinho branco
- pimenta-do-reino moída a gosto
- uma pitada de cominho (opcional)
- uma pitada de sal

1. Lave a pimenta dedo-de-moça, abra-a ao meio e retire as sementes. Descasque a cebola e pique ambas em quadradinhos. Lave o pimentão, corte ao meio, elimine o talo e o miolo e corte-o em cubinhos. Em seguida misture tudo ao arroz com repolho do dia anterior.
2. Desfie a carne-seca (não se esqueça antes de fervê-la por 5 minutos para retirar o excesso de sal) e misture-a ao arroz com repolho.
3. Então, faça um molho misturando o óleo de canola, a mostarda, o vinagre, pimenta, o cominho e o sal.

**Informação nutricional**
394 kcal
11 g gordura
47 g carboidrato
26 g proteína

Sábado — Jantar

**Dia 6 — 1ª semana**

## Fondue à Chinesa
Rendimento: 2 Porções

1. Corte os champignons ao meio se forem grandes. Abra o pimentão, elimine o talo e o miolo e corte-o em pedaços pequenos. Corte as abobrinhas em cubos pequenos. Elimine as pontas e as raízes das cebolinhas e corte-as formato de anel.
2. Lave bem o camarão em água corrente e corte o peito de frango em cubos pequenos. Junte todos esses ingredientes em uma única travessa e reserve.
3. Coloque o caldo de legumes para ferver numa panela de *fondue*. Lave a pimenta dedo-de-moça, abra-a ao meio e retire as sementes. Pique-a bem. Esprema o gengibre e o alho em um espremedor. Coloque tudo no caldo de legumes e acrescente sal, pimenta do reino e o Xerez.
4. Quando o caldo levantar fervura outra vez, junte os ingredientes da travessa e deixe cozinhar até o camarão e a carne estarem macios.
5. Coma espetando porções do *fundue* e passando-as no molho. E para finalizar o jantar, tome um pouco do caldo da panela.

**Ingredientes**
- 200 g de champignons em conserva
- 1 pimentão
- 1 maço de cebolinha
- 2 abobrinhas pequenas
- 200 g de camarão limpo
- 200 g de peito de frango
- 1 litro de caldo de legumes
- 1 pedaço de gengibre (1 cm)
- 2 dentes de alho
- 2 pimentas dedo-de-moça frescas
- sal a gosto
- pimenta-do-reino moída a gosto
- 3 colheres de sopa de Xerez

*Para o molho*
- Molho de soja, páprica picante, mostarda amarela e mostarda dijon

**Informação nutricional**
412 kcal
17 g gordura
6 g carboidrato
51 g proteína
(mais salada semanal)

## Domingo — Almoço

### Bolo de queijo com melão
Rendimento: 4 porções

**Ingredientes**
- 300 g de framboesa congelada
- 3 ovos, clara e gema separados
- 500 g de coalhada desnatada
- 1 colher de chá de baunilha em pó
- 5 colheres de sopa de sêmola de trigo mole integral
- 100 g de isomalte
- 1 colher de chá de fermento químico
- 1 melão pequeno

**Informação nutricional**
393 kcal
6 g gordura
58 g carboidrato
25 g proteína

1. Em uma tigela, misture a gema, a coalhada, a baunilha, a sêmola de trigo, o isomalte e o fermento. Acrescente as claras batidas em neve, misturando delicadamente.

2. Despeje a massa numa fôrma com cerca de 24 x 28 cm, forrada com papel-manteiga. Espalhe uniformemente as framboesas já descongeladas sobre a massa e afunde-as com a ponta de um colher. Leve para assar em forno pré-aquecido a 200°C, por aproximadamente 30 minutos. Deixe o bolo esfriar e tire-o da forma.

3. Corte o melão ao meio, retire as sementes e descasque-o. Corte a polpa do melão em cubos e sirva-o acompanhando o bolo.

LIVRE DO CIGARRO

**1ª semana**

**Dia 7**

Domingo — Jantar

## *Steak* de minuto com tomate picante e alho-poró
Rendimento: 2 Porções

1. Retire as raízes e as folhas murchas do alho-poró e lave-o em água corrente. Em seguida, corte-o em anéis de 1 cm de largura.
2. Corte os tomates pela metade, retire as sementes e pique-os em quadradinhos. Passe o alho pelo espremedor. Lave as pimentas dedo-de-moça, abra-as ao meio e retire as sementes. Pique-as.
3. Tempere os bifes com sal e pimenta. Aqueça o óleo numa frigideira e frite-os ligeiramente, ou até perder a cor avermelhada. Retire-os da frigideira e deixe-os em lugar aquecido.
4. Em seguida, na mesma frigideira da fritura dos bifes, refogue o alho-poró, o alho e a pimenta picada por cerca de 5 minutos. Então, acrescente o tomate, tempere com sal e pimenta-do-reino e deixe cozinhar por outros 5 minutos, em fogo baixo e com a frigideira tampada.
5. Então, coloque os bifes reservados sobre o molho, tampe a frigideira e deixe aquecer por 2 minutos. Coma com as torradas.

**Ingredientes**
- 500 g de alho-poró
- 4 tomates
- 2 dentes de alho
- 2 pimentas dedo-de-moça frescas
- 1 colher de sopa de óleo de canola
- 2 bifes de contrafilé (150 g)
- sal a gosto
- pimenta-do-reino moída a gosto
- 2 torradas integrais

**Informação nutricional**
406 kcal
15 g gordura
24 g carboidrato
43 g proteína
(mais salada semanal)

# Dicas e Truques

A primeira semana foi difícil: seu corpo está se transformando. Sua vida está de cabeça para baixo: comidas diferentes, mais exercícios físicos, tudo é novo e exige atenção. Porém, você sabe que aí está a resposta para todos os seus problemas — com o cigarro e com a manutenção do peso ideal. No seu dia a dia sempre há questões de ordem prática e surpresas desagradáveis que precisam de uma solução. Vejamos alguns exemplos:

*Você quer comer num restaurante?* Durante a dieta não deve sentir-se em uma clausura. Mesmo num restaurante você pode encontrar opções que a ajudem a ser fiel a seu plano semanal. Você deve apenas ficar atenta para o fato de que na primeira semana os legumes e temperos que estimulam a digestão vêm em primeiro lugar. Assim, as principais dicas quando se está em um restaurante são:

- Peça sempre de entrada uma grande salada — de preferência tempere você mesma com vinagre e azeite. Uma colher de chá de azeite deve bastar, senão a salada ficará muito gordurosa. Molhos prontos, em geral, contêm muitas calorias, por isso, evite-os.
- Não toque na cesta de pães! Há muitos carboidratos concentrados nela.
- Molhos espessos, nem pensar!
- Sopas sempre são bem-vindas.

- Em restaurantes chineses: tome duas xícaras de sopa de *wantan* e coma apenas uma porção pequena de rolinhos primavera.
- Em restaurantes japoneses: escolha de seis a oito *sushis* e, talvez, uma sopa clara.
- Comida típica alemã: a sugestão são seis salsichinhas grelhadas com uma porção dupla de repolho e muita mostarda. Uma alternativa: rolinhos de repolho ou torta de cebola.
- Restaurante italiano: tomates com mussarela, peixe e legumes grelhados ou *tortellini in brodo*.
- Restaurante tailandês: sopa de frango com citronela.
- Restaurante indiano: salada *raita*, sopa *dahl* e espinafre com grão-de-bico ao *curry*.

Sugestões práticas para outras questões do dia a dia de uma ex-fumante:

- O que fazer quando surgir um desejo irresistível por um doce?

Até aqui você está relativamente segura porque tem seu plano de alimentação. Contudo, quando um desejo irresistível por algo doce a assola, você pode se agarrar aos chicletes sem açúcar. Uma xícara de chá com hortelã também dá resultado. É possível também preparar uma pequena (mas, pequena mesmo!) salada de frutas. Porém, jamais coma mais do que duas porções por dia (e de preferência frutas com a casca). Em excesso, as frutas trazem muitos carboidratos e atuam na maioria das pessoas como estimulante do apetite.

- Engordei! E agora?

Não será problema se o peso a mais não ultrapassar um quilo. Facilmente ele vai embora. Mas, se a balança acusar mais do que isso, então você precisa fazer exercícios mais longos e com maior frequência. Seja honesta! Para seu corpo não acionar o modo "economia de gordura", olhe para si, dê um "chega pra lá" nas tentações e na autopiedade. Fale com as amigas. Toda ex-fumante tem uma amiga que nunca pegou num cigarro e que quer ajudá-la a parar com o vício com a empolgação de uma missionária. Elas devem correr com você, praticar hidroginástica, andar de bicicleta nos finais de semana ou ir à academia. Se for o seu parceiro a ajudá-la, melhor ainda. Apenas não desista, os quilos que você armazena agora, tornarão sua vida literalmente mais pesada depois.

- Emagreci, como pode ser?

Também pode acontecer e está aí um motivo para se alegrar: no plano de alimentação você tem uma superoferta de todos os nutrientes preciosos — acima de tudo substâncias antioxidantes que devem reparar aquilo que as substâncias prejudiciais trouxeram ao seu corpo. Agora, comprove: não fumantes também não engordam?

# 2ª Semana

## A harmonia do metabolismo

Nesta semana seu metabolismo tende a funcionar de forma mais harmônica do que na anterior, mas ele ainda está se adaptando às mudanças e trabalha mais lentamente. Além disso, por meio da dieta *Pare de fumar agora. Fique em forma sempre!* ele recebe menos calorias do que antes. Os alarmes internos começam a soar e alertar para os momentos de emergência. O efeito: seu corpo aciona o modo de trabalho "economia de energia"! É provável que perceba esse fato por um cansaço cada vez maior — no fim das contas, nosso corpo economiza energia quando dorme mais que o necessário. Você ficará preguiçosa — o que também poupa as reservas de energia. Possivelmente sentirá frio também mais rápido — seu corpo prefere não mais queimar calorias de fora para dentro. Nesta semana, será necessário enganar o metabolismo cansado e incitá-lo a queimar mais calorias do que realmente deseja e auxiliar o corpo em sua regeneração, o que os *fat burners* naturais presentes nos alimentos conseguirão:

Proteína magra libera calor ao ser rompida — cerca de 20% das calorias se originam daí. Essa é a razão de as receitas desta semana contarem sempre com uma parcela relativamente alta de proteínas. Quem estiver faminta, pode aumentar, em caráter especial, o consumo de alimentos proteicos como peixe, carne, aves, ovo e coalhada. Ao mesmo tempo, seu corpo vai receber muitos componentes proteicos para a regeneração celular.

Os vegetais também têm proteínas. Os líderes em teor de proteína são os legumes, as nozes, os cogumelos, os grãos — sobretudo aveia e painço. Combinados com a proteína animal, eles têm um valor mais que especial. Grãos integrais e legumes possuem mais um ponto positivo: contêm ácido fítico, uma substância bioativa que faz o nível de açúcar no sangue subir lentamente — ou seja, trazem uma sensação de saciedade mais duradoura. E também são ricos em fibras, que saciam e auxiliam na digestão.

O segundo coringa para queimar sua necessidade calórica são as substâncias bioativas nos temperos. Trata-se de substâncias formadas nos vegetais para sua autoproteção contra pragas, larvas de insetos, mas também contra influências ambientais, como os raios UV. Dessa forma, elas possuem por um lado uma ação protetora — o que ajuda ex-fumantes na regeneração da pele. Por outro, também nos aquecem: a capsaicina presente na pimenta e no gengibre, os óleos de mostarda na mostardas, na raiz-forte e na cebola, a curcumina na cúrcuma e a soma desses temperos em todas as misturas de *curry*. Como eles ativam a circulação, proporcionam um calor interno e queimam assim uma porção de energia. E esse é exatamente o objetivo: manter a necessidade calórica alta para que não se formem os indesejáveis *pneuzinhos*. Um efeito positivo adicional: esses temperos estimulam a digestão e também se mostram importantes para sua transformação corporal.

A cafeína é uma aliada, pois estimula e aumenta sua atividade. Claro, seu maior agente é o café. Quem não se dá muito bem com ele, pode beber até duas xícaras de café *macchiato*, mistura do *espresso* com leite desnatado, ligeiramente polvilhado com chocolate puro: que além de conter cafeína, também contém teobromina, uma substância estimulante do bem-estar. Chás preto e verde também possuem cafeína, embora em menor quantidade. Porém, atenção: esses estimulantes não devem interferir nas suas horas de sono.

Comer um pouco de chocolate meio-amargo (no máximo três quadradinhos de uma barra de 200 g) ou mastigar lentamente um grão de café puro pode também ajudar a superar dificuldades de concentração. No treinamento de força contido no programa de exercícios do plano feito exclusivamente para esta semana, você deve transpirar de verdade. Em outras palavras: queimar calorias!

## DO CÉU AO INFERNO EM UM MINUTO

Nesta segunda semana seu humor também não estará estável. Por um lado você estará aliviada, pois a tão temida abstinência corre sem complicação, sem dramas. Contudo, quando estiver fácil, seu vício de nicotina sussurrará em seu ouvido que é o momento no qual poderia pegar um cigarrinho... daí surgem a frustração e a tristeza. Por isso é tão importante o "chicote" do plano de alimentação que a acompanha nesses altos e baixos, do mesmo jeito que seu humor. Talvez você possua amigas não fumantes que também queiram manter a silhueta e a saúde — fazer a dieta a dois ou em grupo é mais fácil e mais prazeroso.

Em momentos de fraqueza, receber ou fazer ligações telefônicas encorajadoras ajuda muito. Com certeza há ex-fumantes que gostam de você e estarão à disposição para dar uma "força". Uma ligação basta e os ex-dependentes de nicotina podem lhe dar todos os argumentos sobre por que você está no caminho certo e deve resistir. Não se esconda em seu casulo: nesse momento você precisa da sociedade, de distrair-se, ter diversão — isso tudo sem nicotina. Uma chance é o programa de exercício que nesta semana tem como objetivo o treino de força e o aumento da massa muscular. Que tal aproveitar e fazer uma semana de teste em uma academia de ginástica próxima da sua casa ou de seu trabalho? Por que não?

## A VOLTA DOS SABORES

Suas vias nervosas gustativas são junto com a pele a primeira coisa que se regenera após o abandono do cigarro. Aproveite de forma consciente, entregue-se à multiplicidade de aromas. O ideal esta semana é manter o foco em temperos fortes e ervas estimulantes — um treinamento perfeito para o paladar. Em lojas de produtos orientais ou indianos há uma grande variedade de condimentos. Peça informações sobre as diferenças e compre primeiro uma pequena quantidade de cada um, pois os temperos perdem aroma quando ficam muito tempo armazenados em lugares quentes ou frios demais. Acima de tudo, dedique-se a aprender mais sobre condimentos. Apenas quando tiver provado o bastante, tente descobrir que alimentos combinam com eles. Sobre os temperos tradicionais já aprendemos algo, porém sobre o cardamomo, o gengibre ou o chili ainda não. *Importante*: sobre os grãos de pimenta — seja branca, verde ou vermelha — prefira moê-los sempre frescos, pois são mais aromáticos e eficazes que os moídos de antemão. Gengibre e citronela devem ser utilizados apenas frescos — esses condimentos duram no mínimo uma semana na gaveta de legumes da geladeira. Alho e cebola devem ser mantidos sempre secos.

## O café da manhã

Comece cada dia desta segunda semana tomando, logo ao acordar, um copo de água de gengibre com vinagre de maçã. Prepare desta maneira: descasque um pedaço de gengibre (1 cm), pique e cozinhe em 250 ml de água por dez minutos. Peneire em seguida e acrescente de uma a duas colheres de sopa de vinagre de maçã.

O gengibre possui uma grande quantidade de óleos essenciais e substâncias amargas, que estimulam o metabolismo e aquecem o corpo. Além disso, ele tem efeito positivo na digestão. O vinagre de maçã também possui um efeito estimulante sobre o metabolismo, sendo fonte de potássio, um mineral importante para o funcionamento das células nervosas e musculares, além de ajudar a regular o equilíbrio hídrico do corpo. Quem não gostar de vinagre de maçã, pode substituí-lo por suco de limão-siciliano ou limão-galego. E, para aqueles que não conseguem deixar de adoçar, acrescente no máximo meia colher de chá de isomalte, lactose ou um adoçante.

---

**Dica**: Prepare a água de gengibre suficiente para uma garrafa térmica inteira, de forma que você terá o chá sempre à mão. A garrafa térmica pode perfeitamente ser levada ao trabalho.

## OPÇÕES DE CAFÉ DA MANHÃ

Para o café da manhã há três sugestões. Você pode escolher em cada dia o que deseja comer.

### Pãezinhos com geleia picante
Rendimento: 1 Porção

1. Corte o pão em duas metades e passe a coalhada desnatada.
2. Misture bem a pimenta na geleia e passe uniformemente por cima da coalhada.

**Ingredientes**
- 1 pãozinho integral
- 4 colheres de sopa de coalhada desnatada
- 2 colheres de sopa de geleia de amora
- uma pitadinha de pimenta-de-caiena

**Informação nutricional**
272 kcal
1 g gordura
39 g carboidrato
23 g proteína

### *Wrap* com Peito de Peru
Rendimento: 1 Porção

1. Misture a coalhada com a pimenta-turca e o sal. Corte o pimentão em tiras bem finas. Lave as folhas de alface, seque-as e pique-as.
2. Aqueça bem uma frigideira sem óleo esquente o pão folha durante 20 segundos de cada lado. Em seguida monte o *wrap*: cubra o pão com coalhada, alface, peito de peru e pimentão. Enrole grosso e feche os lados.

**Ingredientes**
- 1 colher de sopa de coalhada magra
- 1/2 colher de chá de pimenta-turca
- sal a gosto
- 50 g de pimentão vermelho
- 3 folhas de alface
- 60 g de peito de peru fatiado
- 1 pão folha (espécie de pão sírio bem fino)

**Informação nutricional**
230 kcal
5 g gordura
30 g carboidrato
25 g proteína

## Mix de maçã, aveia e coalhada

Rendimento: 1 Porção

**Ingredientes**
- 1 colher de sopa de gergelim sem casca
- 2 colheres de sopa de coalhada desnatada
- 50 ml de leite de soja *light*
- 1 maçã
- 30 g de farelo de aveia

**Informação nutricional**
283 kcal
10 g gordura
35 g carboidrato
12 g proteína

1. Toste o gergelim em uma frigideira sem óleo até ele começar a exalar o aroma característico. Reserve.
2. Misture a coalhada e o leite de soja até ficar homogêneo. Lave bem a maçã, corte-a em quatro partes. Elimine as sementes e a parte fibrosa e corte em quadradinhos.
3. Junte a maçã picada e o farelo de aveia e misture na massa de coalhada. Espalhe o gergelim por cima e está pronto.

## OPÇÕES DE SALADA

Isto já é sabido: para cada jantar há a salada semanal temperada com um molho especial. Você pode escolher entre todas as folhas verdes e comer a quantidade que desejar. Se quiser, pode colocar uma pitada de pimenta-turca em sua salada. A porção de molho é limitada. Use a mesma garrafa marcada da primeira semana, pois duas porções correspondem também a 100 ml. Lave bem a garrafa antes, pois o resto do líquido anterior pode azedar este novo. Pelo mesmo motivo, sempre mantenha o molho na geladeira. Nessa semana dedicada à queima de calorias, o molho conterá muita proteína e muitos ingredientes picantes:

### Molho para a 2ª semana
Rendimento: 14 Porções (ou 1 semana)

1. Lave as pimentas dedo-de-moça, abra-as ao meio e retire as sementes. Corte-as em pedacinhos.
2. Descasque o alho e pique-o. Lave a salsinha e pique-a bem fininho.
3. Junte a pimenta, o alho e a salsa picados com o restante dos ingredientes no copo de um liquidificador e bata por alguns segundos. Então, despeje o conteúdo na garrafa marcada com as medidas diária e conserve-a na geladeira para posterior uso.

**Ingredientes**
- 2 pimentas dedo-de-moça frescas
- 2 dentes de alho
- 1 maço de salsinha
- 25 g de raiz-forte
- 3 colheres de sopa de vinagre balsâmico de maçã
- 250 ml de soro de leite
- 300 g de iogurte natural *light*
- 100 ml de óleo de canola
- 1 colher de chá de sal
- pimenta-do-reino moída a gosto
- 2 colheres de chá de molho de pimenta vermelha

**Informação nutricional**
81 kcal
7 g gordura
2 g carboidrato
1 g proteína

## Segunda-feira — Almoço

### *Aspic* de frango com *ajvar*
Rendimento: 1 Porção

**Ingredientes**
- 1/2 peito de frango
- 2 xícaras de chá de caldo de frango
- 1/2 pacote de gelatina sem sabor
- sal a gosto
- 1 colher de chá de ervas finas
- 50 g de coalhada desnatada
- 3 colheres de sopa de pasta de pimentão em conserva
- uma pitada de pimenta-turca a gosto
- pimenta-do-reino moída a gosto
- 1 pimentão vermelho
- 2 unidades de pão sueco

**Informação nutricional**
367 kcal
9 g gordura
21 g carboidrato
49 g proteína

1. Cozinhe o peito de frango com sal, pimenta e ervas finas em 1/2 litro de água. Em seguida, coe o caldo e transfira as xícaras de chá para uma panela e deixe-a no fogo até ferver. Então, desligue o fogo e dissolva bem a gelatina. Reserve.
2. Em uma forma pequena, pique o frango em pedaços finos e despeje a gelatina dissolvida, misturando bem. Deixe na geladeira até a gelatina ficar bem consistente.
3. Faça um creme com a coalhada, a pasta de pimenta e a pimenta-turca.
4. Lave o pimentão, abra-o ao meio e elimine o talo e as sementes. Corte-o em tiras largas.
5. Desenforme o *aspic* em um prato e coma-o com o creme e o pão sueco.

**2ª semana**

**Dia 1**

Segunda-feira — Jantar

## Cordeiro ao *curry* com couve crespa
Rendimento: 2 Porções

1. Lave a couve e corte-a bem fina. Descasque a cebola e pique em quadradinhos. Se necessário, tire a nervura da carne e corte-a em cubos de 3 cm.
2. Aqueça o óleo numa panela e refogue ligeiramente os cubos de carne, temperando-os com sal e pimenta. Acrescente o *curry* e a couve e refogue por mais dois minutos — assim a carne exalará seu aroma. Em seguida adicione 100 ml de água e uma colher de chá de sal. Tampe a panela e cozinhe em fogo baixo por 40 minutos — a couve ficará bem murcha. Mexa ocasionalmente e, se necessário, acrescente um pouco mais de água.
3. Descasque a batata e corte em quadradinhos de 1 cm. Quinze minutos antes do término do tempo de cozimento, adicione-os à panela e coloque mais uma pitada de sal e pimenta.

**Ingredientes**
- 450 g de couve crespa
- 1 cebola
- 200 g de pernil de cordeiro
- 1 colher de sopa de óleo de canola
- 1 colher de sopa de *curry* em pó
- 100 ml de água
- 1 batata média
- sal
- pimenta-do-reino moída a gosto

**Informação nutricional**
413 kcal
27 g gordura
13 g carboidrato
30 g proteína
(mais a salada semanal)

Terça-feira — Almoço

## Fritada de Espinafre
Rendimento: 1 Porção

**Ingredientes**
- 150 g de espinafre congelado
- 100 g de coalhada desnatada
- 1 ovo, clara e gema separadas
- 1 colher de sopa de mostarda
- 1 colher de chá de manteiga
- 20 g de parmesão ralado
- 150 g de rabanete
- 1 pão sueco

**Informação nutricional**
391 kcal
19 g gordura
17 g carboidrato
35 g proteína

1. Esprema bem o espinafre descongelado e corte-o em pedaços. Em uma tigela, misture a coalhada, a gema do ovo, a mostarda e o espinafre. Tempere com sal e pimenta.
2. Bata bem as claras em neve e misture-a delicadamente na mistura da tigela.
3. Aqueça a manteiga numa frigideira e despeje a mistura. Frite por 3 minutos e vire-a cuidadosamente do outro lado, usando uma tampa de panela. Deixe fritar por mais 2 minutos e cubra com o queijo parmesão. Lave os rabanetes, corte-os em quatro partes e coma-os com a fritada e pão sueco.

*Terça-feira — Jantar*

## Salmão ao gengibre com aveia e ervilha
Rendimento: 2 Porções

1. Lave a ervilha, corte as pontas e quebre-as em pedaços.
2. Toste a aveia em uma panela sem óleo e adicione caldo de legumes. Quando começar a ferver, coloque a ervilha, sal e o alho. Deixe cozinhar em fogo baixo por cerca de 30 minutos.
   *Importante*: separe 1/3 dessa mistura de ervilha para o almoço do dia seguinte e guarde-a na geladeira.
3. Descasque o gengibre e corte-o em quadradinhos. Raspe a casa do limão e esprema o suco de uma metade. Numa frigideira grande, aqueça o vinho branco com o gengibre, a casca e o suco de limão.
4. Salgue ligeiramente os filés de salmão e coloque-os na frigideira. Deixe cozinhar em fogo baixo e com a frigideira tampada por cerca de 8 minutos. Vire os filés na metade do tempo. Servir com o molho que ficou na frigideira e a mistura de aveia e ervilha.

### Ingredientes
- 400 g de ervilha-torta
- 150 g de aveia
- 400 ml de caldo de legumes
- sal
- 1 dente de alho picado
- 20 g de gengibre
- 1 limão-galego orgânico
- 50 ml de vinho branco
- 2 filés de salmão (cada qual com 100 g)
- pimenta-do-reino moída a gosto

### Informação nutricional
405 kcal
12 g gordura
37 g carboidrato
28 g proteína
(mais a salada semanal)

## Quarta-feira — Almoço

### Salada de aveia com bresaola
Rendimento: 1 Porção

**Ingredientes**
- 2 colheres de sopa de vinagre balsâmico
- sal
- pimenta-do-reino moída a gosto
- azeite
- 50 g de *bresaola* (presunto de carne-seca)
- 30 g de tomate seco em conserva
- 1 pimenta dedo-de-moça fresca
- mistura de aveia e ervilha (do dia anterior)
- 50 g de rúcula

**Informação nutricional**
476 kcal
19 g gordura
44 g carboidrato
31 g proteína

1. Faça um vinagrete com vinagre balsâmico, sal, pimenta e azeite. Reserve. Corte a carne-seca em tiras finas. Corte também o tomate seco em tiras.
2. Lave a pimenta dedo-de-moça, abra-a e retire as sementes. Pique-a bem.
3. Junte a carne, o tomate seco e a pimenta picada numa tigela e adicione a mistura de aveia e ervilha do dia anterior. Acrescente o vinagrete e misture bem.
4. Retire os talos da rúcula, corte-as em tirinhas e tempere-as com sal e vinagre. Coma a salada acompanhada com rúcula.

**2ª semana**

**Dia 3**

Quarta-feira — Jantar

## Peito de peru com brócolos
Rendimento: 2 Porções

1. Coloque em uma panela pequena o arroz e o dobro da quantidade em água com sal. Quando começar a ferver, tampe a panela e deixe cozinhar por 20 minutos em fogo baixo. *Importante*: quando o arroz estiver cozido, separe metade da quantidade para o almoço do dia seguinte.
2. Enquanto isso, divida os brócolos em pequenos buquês e lave-os. Amasse a pimenta-verde levemente com as costas de uma faca.
3. Pique o peito de peru em tiras de 2 cm de largura, tempere-as com sal e pimenta-do-reino.
4. Aqueça o óleo numa frigideira grande e frite ligeiramente os pedaços de peito de peru. *Importante*: separe cerca de 50 g de peito de peru refogado para o almoço do dia seguinte.
5. Então, acrescente o brócolos e a pimenta-verde na frigideira e deixe-a em fogo alto por cerca de 7 minutos, mexendo sempre. Na metade desse tempo, adicione o molho de soja, o Xerez e o caldo de legumes.

**Ingredientes**
- 140 g de arroz selvagem
- sal a gosto
- 400 g de brócolos
- 2 colheres de chá de pimenta-verde
- 250 g de peito de peru
- pimenta-do-reino moída a gosto
- 1 colher de sopa de óleo de canola
- 3 colheres de sopa de molho de soja
- 2 colheres de sopa de Xerez
- 50 ml de caldo de legumes

**Informação nutricional**
423 kcal
8 g gordura
45 g carboidrato
35 g proteína
(mais a salada semanal)

## Quinta-feira — Almoço

### Croquetes de arroz selvagem com salada de cenoura
Rendimento: 1 Porção

**Ingredientes**
- 2 cenouras médias
- 50 g de peito de peru (do dia anterior)
- 120 g de arroz selvagem cozido (do dia anterior)
- 1 ovo
- sal
- pimenta-do-reino moída a gosto
- uma pitada de pimenta-da--jamaica
- 1 pimenta dedo-de-moça fresca
- 1 colher de sopa de uva passa sem sementes
- 2 colheres de sopa de suco de limão-siciliano
- 2 colheres de chá de óleo de canola

**Informação nutricional**
482 kcal
18 g gordura
54 g carboidrato
24 g proteína

1. Descasque as cenouras e rale-as bem fino. Pique o peito de peru do dia anterior em pedacinhos, quase como "carne moída". Coloque o arroz já cozido em uma tigela e amasse-o levemente, para que os bolinhos possam ser bem formados. Adicione o ovo, 1/4 de xícara de cenoura ralada e o peito de peru moído. Tempere com sal, pimenta e pimenta-da-jamaica. Misture bem e deixe descansar.

2. Lave a pimenta dedo-de-moça, abra-a ao meio, retire as sementes e corte-a bem fininho. Misture o restante da cenoura com a pimenta picada e tempere com o suco de limão, uma colher de sopa de óleo, sal e pimenta-do-reino. Reserve na geladeira.

3. Então, com porções de massa de peito de peru, forme bolinhos e frite-os numa frigideira pequena com o restante do óleo, em fogo baixo. Durante a fritura, pressione ligeiramente os bolinhos com auxílio de uma escumadeira. Sirva--se dos bolinhos com a salada de cenoura.

Quinta-feira — Jantar

## Picadinho de frango colorido
Rendimento: 2 Porções

**2ª semana — Dia 4**

1. Misture o azeite em uma tigela grande com a pimenta-de-caiena, a páprica, sal e pimenta-do-reino. Lave as batatas e corte-as em oito partes na vertical. Lave os pimentões e corte-os em tiras de 3 cm de largura, descartando as sementes. Passe as tiras de batata e pimentão no óleo, colocando uma ao lado da outra em uma assadeira com papel de alumínio.
2. Coloque o tomilho na mesma tigela onde estava a batata e o pimentão. Divida cada sobrecoxas em duas partes e besunte-as com o tempero da tigela, besuntando também o peito de frango. Espalhe tudo na assadeira e leve para assar em forno a 200°C, coberta com papel de alumínio, por cerca de 30 minutos. Na metade do tempo, descarte o papel de alumínio e regue a carne com o caldo que se formar durante o cozimento. *Importante*: quando estiver no ponto, retire o peito de frango da assadeira. Após esfriar, mantenha-o na geladeira para o almoço do dia seguinte.
3. Enquanto isso, lave as cebolinhas e corte-as em pequenos anéis. Misture-os com a coalhada, o iogurte e o suco de limão. Tempere com sal e pimenta a gosto. Sirva este molho acompanhando o picadinho de frango.

**Ingredientes**
- 1 colher de chá de azeite
- pimenta-de-caiena
- 1 colher de chá de páprica doce
- sal
- pimenta-do-reino moída a gosto
- 250 g de batata
- 1 pimentão vermelho e 1 amarelo
- 2 sobrecoxas de frango (150 g cada)
- 150 g de peito de frango com pele
- 5 raminhos de tomilho fresco
- 1 maço de cebolinha
- 50 g de coalhada magra
- 50 g de iogurte *light*
- limão-siciliano

**Informação nutricional**
463 kcal
21 g gordura
31 g carboidrato
36 g proteína
(mais a salada semanal)

Sexta-feira — Almoço

## Salada de frango ao molho de mostarda
Rendimento: 1 Porção

**Ingredientes**
- 150 g de peito de frango (do dia anterior)
- 3 talos de aipo
- 1 maçã ácida
- 1 colher de sopa de vinagre balsâmico branco
- 3 colheres de sopa de mostarda forte tipo Dijon
- sal
- pimenta-do-reino moída a gosto
- 1 colher de sopa de óleo de canola
- 50 g de alface branca ou agrião

**Informação nutricional**
469 kcal
20 g gordura
22 g carboidrato
49 g proteína

1. Retire a pele do peito de frango cozido no dia anterior e corte-o em pequenos pedaços e coloque-o em uma saladeira.
2. Lave bem o aipo, descarte as folhas e corte os talos em pedaços de 2 cm. Lave a maçã e pique-a em cubinhos com casca e tudo. Misture tudo na saladeira com o frango
3. À parte, junte o vinagre balsâmico, a mostarda, sal e pimenta e o óleo de canola. Despeje essa mistura sobre os pedaços de frango e a maçã.
4. Lave e seque as folhas de alface. Em seguida, misture-as na salada.

## Sexta-feira — Jantar

**2ª semana**
**Dia 5**

### Picanha na mostarda com sopa de lentilha
Rendimento: 2 Porções

1  Coloque 400 ml de água com sal para aquecer em fogo alto e adicione as lentilhas. Quando levantar fervura, tampe a panela e deixe cozinhar em fogo baixo por aproximadamente 30 minutos. Quando as lentilhas estiverem cozidas, passe-as por uma peneira, descartando o líquido do cozimento. *Importante*: separe metade da lentilha cozida para o almoço do dia seguinte.
2  Descasque as cenouras e corte-as em rodelas finas. Lave as cebolinhas e corte-as em tiras também finas. Reserve.
3  Faça uma mistura de mostarda, sal e pimenta-de-caiena e passe-a nas fatias de carne. Em seguida, faça três rolinhos bem apertados, prendendo-os com um palito.
4  Em uma panela pequena, coloque o caldo de carne para aquecer. Acrescente os rolinhos de carne e deixe cozinhar por cerca de 20 minutos em fogo baixo. Na metade do tempo do cozimento, adicione os legumes reservados. Coloque mais sal, se achar necessário.
5  No final do cozimento, com uma escumadeira, transfira os rolinhos de carne da panela para um prato, mantendo-os aquecidos. *Importante*: separe um rolinho de carne para o almoço do dia seguinte.
6  Então, adicione as lentilhas cozidas e escorridas na panela e deixe cozinhar por alguns minutos para pegar gosto.

**Ingredientes**
- 200 g de lentilha
- 3 cenouras
- 1 maço de cebolinhas
- 3 colheres de chá de mostarda forte tipo Dijon
- 1 colher de chá de pimenta-de-caiena
- sal a gosto
- 3 fatias de picanha cortadas no formato de *carpaccio* (100 g cada)
- 1/2 litro de caldo de carne

**Informação nutricional**
371 kcal
9 g gordura
37 g carboidrato
37 g proteína
(mais a salada semanal)

Sábado — Almoço

## Picanha com coalhada temperada e salada de lentilha
Rendimento: 1 Porção

**Ingredientes**
- 200 g de coalhada desnatada
- 3 colheres de sopa de raiz-forte
- sal a gosto
- pimenta-do-reino a gosto
- 1 maçã
- 1 maço de salsinha lisa
- 2 colheres de chá de óleo de canola
- 1 colher de sopa de mostarda forte tipo Dijon
- 2 colheres de sopa de vinagre balsâmico tinto
- lentilhas (do dia anterior)
- 1 rolinho de picanha (do dia anterior)

**Informação nutricional**
398 kcal
21 g gordura
19 g carboidrato
32 g proteína

1. Misture a coalhada com a raiz-forte, sal e pimenta em uma tigela média. Lave bem a maçã, corte-a pela metade e elimine as sementes. Descasque-a e rale-a (lado grosso do ralador) sobre a coalhada. Misture bem e reserve. *Importante:* separe metade do creme de coalhada e guarde-o na geladeira para o almoço do dia seguinte.

2. À parte, lave a salsinha, tire os talos e pique as folhinhas em uma tigela pequena. Acrescente o óleo de canola, a mostarda e o vinagre balsâmico. Adicione a lentilha e tempere com uma pitada de sal e pimenta-do-reino.

3. Aqueça o rolinho de picanha em uma frigideira ou no micro-ondas e sirva-se com o creme de coalhada e salada de lentilha.

Sábado — Jantar

## Dourado com refogado de feijão e tomate
Rendimento: 2 Porções

**2ª semana — Dia 6**

1. Lave e seque levemente o dourado. Tempere-o com sal e pimenta por dentro e por fora. Corte o limão em fatias e, juntamente com dois raminhos de tomilho, esfregue na cavidade interna do dourado. Em seguida, embrulhe-o em uma folha grande de papel de alumínio, como uma bala, torcendo as pontas. Coloque o peixe em uma assadeira e leve para assar em forno a 180°C, por cerca de 25 minutos.

2. Enquanto isso, lave e corte os tomates-cereja ao meio. Amasse o alho. Abra a pimenta dedo-de-moça ao meio, elimine as sementes e pique-a bem fino. Descarte os talos do tomilho, conservando as folhas. Junte tudo em uma panela média, tempere com o azeite e sal e deixe tomar gosto por alguns minutos.

3. Então, acrescente o feijão com um pouco do mosto, tempere com pimenta-do-reino e leve para cozinhar em fogo baixo por 10 minutos. Sirva-se do peixe com folhas de manjericão picadas sobre ele e a mistura de feijão e tomate.

**Ingredientes**
- 1 dourado limpo (400 g)
- sal a gosto
- pimenta-do-reino moída a gosto
- 1 limão-siciliano
- 4 ramos de tomilho
- 250 g de tomates-cereja
- 1 dente de alho
- 1 pimenta dedo-de-moça
- 2 colheres de chá de azeite
- 1 lata de feijão branco (250 g)
- folhas de manjericão

**Informação nutricional**
369 kcal
15 g gordura
21 g carboidrato
42 g proteína
(mais a salada semanal)

*Dagmar von Cramm • Jenny Levié*

Domingo — Almoço

## Salmão defumado com pepino e coalhada
Rendimento: 1 Porção

**Ingredientes**
- 1/2 pepino médio
- 50 g de salmão defumado
- creme de coalhada (do dia anterior)
- 2 fatias de torrada integral

**Informação nutricional**
391 kcal
12 g gordura
35 g carboidrato
34 g proteína

1. Lave bem o pepino e corte-o em fatias de 1 cm de espessura.
2. Corte o salmão em pedaços regulares e disponha-os no centro de um prato.
3. Coloque a porção de creme de coalhada em um dos lados e as fatias de pepino, do outro. Em um espaço disponível, coloque as torradas.

2ª semana

**Dia 7**

Domingo — Jantar

## Steak com molho de pimenta verde e pipoca
Rendimento: 2 Porções

1. Limpe os cogumelos e corte-os em tiras. Lave e corte as cebolinhas em anéis, separando a parte verde e a parte branca. Esmague a pimenta-verde. Reserve.
2. Tempere os bifes com sal e pimenta-do-reino dos dois lados. Aqueça o óleo em uma frigideira de bordas altas e frite a carne em fogo médio por 3 minutos de cada lado. Retire os bifes da frigideira e embrulhe-os em papel de alumínio.
3. Na mesma frigideira, refogue o cogumelo, a parte branca da cebolinha e os grãos de pimenta amassados por 2 minutos. Adicione o caldo de carne, o creme de café e o Xerez e deixe cozinhar em fogo baixo por alguns minutos. Por fim, ajuste o tempero com sal e acrescente a parte verde da cebolinha.
4. Retire os bifes do papel de alumínio e recoloque-os sobre a mistura da frigideira, com ela ainda no fogo, o suficiente para aquecê-los bem.
5. Aqueça a margarina em uma panela pequena em fogo alto. Despeje o milho, e sem parar de mexer com uma colher de pau espere começarem a estourar. Então, tampe a panela, abaixe o fogo e chacoalhe-a sobre o fogo em movimentos leves. Quando todos os grãos tiverem estourados, destampe e polvilhe sal e a pimenta-de-caiena.

Sirva com os *steaks*.

**Ingredientes**
- 400 g de cogumelo *shimeji* preto
- 1 maço de cebolinhas
- 1 colher de chá de pimenta-verde em grão
- sal a gosto
- pimenta-do-reino moída a gosto
- 1 colher de sopa de óleo
- 2 bifes bovinos (150 g cada)
- 3 colheres de sopa de Xerez
- 100 ml de caldo de carne
- 50 ml de creme para café
- 1 colher de sopa de margarina *light*
- 30 g de milho de pipoca
- uma pitada de pimenta-de-caiena

**Informação nutricional**
390 kcal
15 g gordura
15 g carboidrato
44 g proteína
(mais a salada semanal)

# Dicas e Truques

Você conseguiu! Mais uma semana ficou para trás. E uma semana bem "quente"! Seu metabolismo funciona a todo vapor — e talvez tenha desenvolvido um novo vício: o vício por alimentos picantes. Você experimentou, uma após a outra, diferentes pimentas, branca, preta e verde, além da páprica, da pimenta dedo-de-moça e do *kirmizi biber*, a pimenta-turca. Provou também a raiz-forte e os mais diversos tipos de mostarda.

A vantagem: esse novo vício traz uma variedade de efeitos positivos sobre o metabolismo. Para o ex-fumante é essencial o poder antioxidante das substâncias bioativas picantes que protegem as células. Ao mesmo tempo que protegem, elas estimulam a digestão, atuam como bactericidas e combatem a flatulência. Os condimentos atuam como calmante no suco gástrico, além de neutralizar muito a acidez.

# 3ª Semana

## A desintoxicação de dentro para fora

A nicotina degradou seu corpo — e os "vestígios da sujeira" não são apagados tão rapidamente quanto se deseja. Quase sempre há também uma "primeira recaída": você não se sentirá bem, começam os problemas de pele e cabelo. Isso pode ser atenuado quando você começar a ajudar seu corpo a promover a limpeza de resíduos e auxiliar na sua purificação. Chá em grandes quantidades limpa os rins; substâncias amargas nos legumes regeneram o fígado e a vesícula biliar; o tanino das amoras e os chás atuam como bactericidas.

Você superou esta última semana peso-pesado — e não engordou? Excelente, o método funciona. Pode ficar orgulhosa. E gostaria ainda de continuar com força total? Nada deve estar contra a continuação do treino de força. Contudo, esta semana que começa você deve literalmente olhar para dentro de si mesma e executar os exercícios de relaxamento recomendados para que não falte a base saudável para o que vem por aí. A importância dos alimentos que possuem um efeito purificador em seu corpo fazem parte do cardápio nesta semana.

## SUBSTÂNCIAS AMARGAS E TÂNICAS — UMA DROGA MILAGROSA DE VERDADE

Um verdadeiro arraso na área de limpeza interna são as substâncias amargadas. Elas são obtidas em diversas espécies de plantas que, contudo, têm algo em comum: são verdadeiramente amargas. Muitas dessas substâncias pertencem às substâncias bioativas, diferentes das vitaminas ou substâncias aromáticas. Na verdade, seu efeito vem em primeiro lugar do gosto amargo, pois ele estimula as mucosas para circulação sanguínea e secreção intensificadas — e, dessa forma, beneficia todo o aparelho digestivo. Acima de tudo, também beneficiam os órgãos de desintoxicação, tais como, intestino, fígado e rins. De modo geral, as substâncias amargas revigoram e fortalecem todo o corpo, pois possuem efeito tonificante e fortificante. Por outro lado, atuam como calmante — uma combinação ideal. O foco: o amargor é um componente do paladar bastante "maduro", exatamente o contrário do adocicado. As crianças não apreciam o gosto amargo, pois têm preferência bastante acentuada por doces, o que ocorre também com muitos adultos. Quem se deixa envolver pelo sabor amargo e o adota terá menos apetite por doce. Além disso, é importante saber que:

- As substâncias amargas estão nas folhas de chicória, endívia, escarola, radicchio, dente-de-leão e rúcula.
- Entre as variedades de legumes está presente, principalmente, na alcachofra, que com a cinarina, sua substância amarga, regenera o fígado e com a insulina, um carboidrato indigesto, decomposto apenas

pelas bactérias intestinais, que estimula a secreção renal. O caule da alcachofra é o mais rico em substâncias amargas, por isso deve ser cozido e a água do cozimento ingerida fria. Características semelhantes são encontradas na batata-doce, uma tuberosa. O aipo ou salsão e a erva-doce atuam também como desintoxicantes por meio das substâncias amargas neles contidas. A erva-doce com seus óleos essenciais regenera até os pulmões. O abacate também traz substâncias amargas, que funcionam de forma curativa e tranquilizadora. O aspargo, por sua vez, estimula os rins e o drena.

- Alguns temperos são ricos em substâncias amargas, sobretudo o gengibre, o cardamomo, a cúrcuma, o estragão, o cerefólio, o louro, a manjerona, o alecrim, o tomilho e a erva-cidreira.
- A aloe vera, nome mais que charmoso para a conhecida babosa, também é rica em substâncias amargas e intensifica a regeneração, bem como a defesa imunológica no corpo.
- Chás, que são consumidos para desintoxicação e purificação, possuem sempre componentes amargos e literalmente expulsam substâncias indesejáveis do organismo. Especialmente eficazes são os chás preparados com folhas de fel-da-terra, genciana, laranja-amarga, dente-de-leão, cálamo (uma helofita semelhante ao gengibre), milefólio e losna-brava.

Outro grupo de substâncias que auxilia também a desintoxicação, estimula a digestão, atua como diurético e adstringente é o das substâncias tânicas. Elas também são bem fáceis de serem percebidas, pois, em geral, "amarram" a mucosa da boca e deixam uma sensação de "rugosidade". É uma sensação bucal interessante e uma experiência nova ao paladar de ex-fumantes. As substâncias tânicas são obtidas no chá preto e verde (tanino) e nas bagas, quanto mais selvagens, melhor. Assim, as amoras possuem grande quantidade dessa substância, que também está presente na romã. Esta fruta não contém apenas tanino, mas substâncias bioativas com potencial antioxidante imenso, aplicado com bons resultados até mesmo em diversos tipos de câncer. Porém, preste atenção para tomar suco de romã puro, ou seja, natural, de verdade. Na maioria das vezes nos é oferecido misturado com suco de maçã para abrandar o sabor. Em tempo: mastigar sementes de romã é ideal para pessoas nervosas, pois o fruto é mais semente que polpa. Fazendo isso, as pessoas ficam com a boca ocupada e não ingerem calorias desnecessárias.

Em qualquer dieta a ingestão de líquidos é muito importante, pois todas as substâncias solúveis em água são descartadas pelos rins. Fica mais fácil para o órgão se houver menos líquido para retrofiltrar. Por isso, beba no mínimo dois litros de água por dia. Mesmo sendo uma apreciadora de café, tente beber mais chás — não importa se preto, verde ou um chá desintoxicante. Mas não o misture com leite, pois estudos indicam que ele parece bloquear a ação benéfica das substâncias dos chás. Para adoçar, quando for extremamente necessário, utilize adoçante. Açúcar, lactose, isomalte e mel em quantidade trazem calorias demais.

## DESINTOXICAÇÃO COM ÓLEO

Há substâncias associadas ao tabaco que são insolúveis em água, mas solúveis em gordura. E como se livrar dessas substâncias tóxicas que se depositam nos tecidos adiposos? A medicina ayurvédica confia, nesses casos, em uma limpeza por meio de óleos. Não é preciso ir tão longe, aproveite apenas o melhor desses ensinamentos de cura indianos: uma massagem com óleos se encaixa direitinho no relaxamento desta semana (você e seu parceiro podem se massagear alternadamente). O bochecho com óleo pela manhã, antes de escovar os dentes, também é recomendado: coloque 1 ou 2 colheres de óleo neutro e de boa qualidade na boca e bocheche o máximo que puder. Faça o óleo passar entre os dentes e massageie toda a mucosa bucal. No final, não precisa engolir, cuspa.

## O QUE HÁ PARA COMER NO ALMOÇO

Você pode preparar o almoço sempre na noite anterior. As receitas de almoço trazem porções individuais, mas as receitas para o jantar foram elaboradas para servir duas pessoas.

## O café da manhã

Comece cada dia desta terceira semana tomando, logo ao acordar, um copo de um copo de suco de aloe vera (50 ml), se preferir, diluída em água. Não se preocupe: tem gosto fresco de limão e cheiro neutro. Entre as inúmeras substâncias da aloe vera estão alguns componentes proteicos indispensáveis à vida, por exemplo, vitaminas, minerais como a saponina e o ácido salicílico. Ambos são chamadas de substâncias de seiva e estimulam a atividade intestinal pela manhã, além de acalmar a tosse — importante para a regeneração do pulmão. A aloe vera possui também diversas enzimas, que possuem funções importantes como catalisadores em todo o metabolismo.

## OPÇÕES PARA O CAFÉ DA MANHÃ

Para o café da manhã há três sugestões. Você pode escolher em cada dia o que deseja comer.

### Iogurte com maracujá e painço
Rendimento: 1 Porção

1. Coloque o iogurte em um tigelinha e adicione os flocos de painço e o isomalte. Misture bem.
2. Acrescente o *mix* de frutas que você escolheu, e envolva-as na mistura.
3. Espalhe a polpa de maracujá por cima e o seu desjejum está pronto!

**Ingredientes**
- 1 colher de sopa de polpa de maracujá
- 250 g de iogurte *light*
- 1 colher de chá de isomalte
- 3 colheres de sopa de flocos de painço
- 1 xícara de *mix* de frutas bem picadas (sementes de romã, pera, abacaxi etc.)

Informação nutricional
297 kcal
4 g gordura
55 g carboidrato
10 g proteína

### Pão integral com creme de alcachofra
Rendimento: 1 Porção

1. Prepare o creme como está descrito anteriormente.
2. Corte o pepino em fatias mais ou menos finas com casca.
3. Passe molho de alcachofras nas fatias de pão integral e coma acompanhada do pepino.

**Ingredientes**
- 50 g de molho de alcachofra (receita do almoço do 1º dia)
- 1/4 de pepino tamanho médio
- 2 fatias de pão integral

Informação nutricional
243 kcal
4 g gordura
42 g carboidrato
8 g proteína

## BEBIDAS PARA O CAFÉ DA MANHÃ

Os aficionados por café naturalmente podem tomar seu cafezinho matinal como sempre, sem problemas, escolhendo como alternativa um café substituto, que pode ser aquele feito da erva chicória-do-café, o qual possui substâncias amargas que estimulam o fígado e a vesícula biliar. Mesmo assim, tente, ao menos durante o dia, mudar para o chá preto ou verde, sem leite e sem açúcar. Se quiser, use um adoçante dietético.

Para ajudar o pulmão com a desintoxicação, prepare um **chá amargo para o pulmão e as vias respiratórias**. Peça em uma farmácia de manipulação a seguinte mistura de chás: pulmonária, tanchagem, verônica, rosa silvestre e calêndula. (20 g de cada). Para preparar o chá amargo, coloque 1 colher de sobremesa da mistura por xícara com 1/4 de litro de água fervente. Deixe em infusão por 10 minutos e coe.

Ou beba um chá **desintoxicante** com os seguintes ingredientes: folhas de bétula, erva-cidreira, folhas de alecrim, gengibre seco (picado) e raspas de casca de laranja. (10 g cada).

## AS OPÇÕES DE SALADA DA SEMANA

Para cada jantar há uma salada padrão com molho, como nas duas primeiras semanas. Você pode montar sua salada de acordo com seu paladar, mas uma parte deve ser composta de legumes e folhas amargas, como radicchio, chicória, escarola, endívia, almeirão ou rúcula.

### Molho para a 3ª Semana
Rendimento: 14 Porções ou 1 mês

1. Desfolhe o agrião, lavado e seco. Utilize apenas as folhas que estão bem verdes.
2. Lave a salsinha e pique-a bem fino. Descasque o gengibre e corte-o em quadradinhos.
3. Coloque no copo de um liquidificador o agrião, a salsinha e o gengibre picados com o restante dos ingredientes e deixe triturar por alguns segundos. Em seguida, despeje o líquido na garrafa marcada com as medidas diárias e conserve-a na geladeira para uso posterior.

**Ingredientes**
- 2 maços de agrião
- 1 maço de salsinha
- 50 g de gengibre
- 330 ml de suco de romã puro
- 150 ml de suco de laranja natural
- 1 colher de sopa de mostarda verde
- 1 colher de sopa de mostarda amarela
- 100 ml de azeite
- 100 ml de água
- sal a gosto
- pimenta-do-reino moída a gosto

**Informação nutricional**
91 kcal
7 g gordura
6 g carboidrato
1 g proteína

Dagmar von Cramm • Jenny Levié

## Segunda-feira — Almoço

# Molho de alcachofra com legumes crus
Rendimento: 1 Porção

**Ingredientes**
- 20 g de sementes de abóbora
- 240 g de fundos de alcachofra em conserva
- 10 azeitonas verdes picadas
- 1 colher de sopa de salsinha picada
- 2 raminhos de tomilho
- 1 colher de sopa de iogurte *light*
- sal a gosto
- pimenta-do-reino moída a gosto
- 150 g de aipo
- 2 cenouras médias
- 25 g de grissini

**Informação nutricional**
402 kcal
16 g gordura
45 g carboidrato
18 g proteína

1  Para o molho, toste as sementes de abóbora em uma frigideira sem óleo até elas começarem a estalar e cheirar. Parta em pedaços o fundo das alcachofras e coloque-os em uma vasilha alta. Adicione as sementes de abóbora, a azeitona e a salsinha picada.

2  Desfolhe os raminhos de tomilho, coloque as folhas na mistura de alcachofra e amasse bem. Misture o iogurte e tempere com sal e pimenta-do-reino. *Importante*: separe uma porção deste molho (50 g) para uma das opções do café da manhã da semana.

3  Em seguida, raspe superficialmente os talos do aipo e raspe também as cenouras. Corte ambos em tiras com cerca de 5 cm de comprimento. Coma os legumes e os *grissini* com o molho de alcachofra.

LIVRE DO CIGARRO

**3ª semana**

**Dia 1**

Segunda-feira — Jantar

## Suflê de erva-doce e *bulgur*
Rendimento: 2 Porções

1. Lave a erva-doce, corte ao meio e descarte os talo e a folhagem. Corte cada pedaço de erva-doce em fatias finas. Forre um refratário pequeno com os grãos de trigo, cobrindo com as tiras de erva-doce.
2. Descasque o alho e corte-o bem fininho. Separe as folhinhas do tomilho. Misture ambos com o molho de tomate. Tempere com sal e pimenta-do-reino e despeje uniformemente sobre as tiras de erva-doce.
3. Parta as nozes em pedaços e espalhe por cima do molho. Polvilhe queijo ralado e leve para gratinar em forno pré-aquecido a 200°C, por cerca de 30 minutos.

**Ingredientes**
- 400 g de erva-doce
- 100 g de trigo para quibe (*bulgur*)
- 1 dente de alho
- 5 galhos de tomilho
- 1 lata de molho de tomate (400 g)
- sal a gosto
- pimenta-do-reino moída a gosto
- 20 g de nozes descascadas
- 40 g de queijo ralado

**Informação nutricional**
390 kcal
14 g gordura
46 g carboidrato
18 g proteína
(mais a salada semanal)

*Dagmar von Cramm • Jenny Levié*

## Terça-feira — Almoço

### Salada de erva-doce
Rendimento: 1 Porção

**Ingredientes**
- 50 g de trigo para quibe (*bulgur*)
- 200 g de erva-doce
- 1 laranja
- 1 colher de sopa de suco de limão-galego
- sal a gosto
- 1/2 colher de chá de pimenta vermelha (esmagada)
- 1 colher de sopa de mostarda forte
- 1 colher de sopa de óleo de canola
- 1 colher de sopa de gergelim (com casca)

**Informação nutricional**
398 kcal
11 g proteína

1. Deixe o trigo para quibe de molho em 100 ml de água com sal por cerca de 30 minutos, para ele aumentar de volume. Nesse tempo, limpe a erva-doce, reservando um pouquinho de folhagem (1/4 de xícara) e descartando o restante, assim como os talos. Corte a erva-doce em tiras bem fininhas. Reserve.

2. Descasque a laranja e, sobre um prato, corte-a ao meio e elimine a parte branca entre os gomos e as sementes. Em seguida, corte as duas metades em fatias com a espessura de um dedo. Obtenha das fatias 8 pedaços, recolhendo o suco.

3. Em um recipiente alto, junte o suco da laranja com o suco de limão, sal, pimenta vermelha, mostarda e óleo. Pique os galhinhos reservados da erva-doce e adicione os pedaços de laranja. Misture delicadamente.

4. Toste o gergelim em uma frigideira sem óleo. Esprema o trigo que ficou de molho em um pano limpo para tirar o excesso de água. Misture ambos na salada, ajustando o sal, se necessário.

3ª semana
**Dia 2**

Terça-feira — Jantar

## Peito de frango com ragú de tomate e damasco
Rendimento: 2 Porções

1. Corte o damasco em quadradinhos. Corte os tomates em tiras pequenas. Reserve.
2. Coloque o trigo mole em uma pequena panela com o dobro de água salgada em fogo alto. Assim que a água começar a ferver, abaixe o fogo para o mínimo e deixe apurar por dez minutos sem tampar. Reserve.
3. Corte o filé de frango em tiras e tempere-as com sal e pimenta-do-reino.
4. Aqueça o óleo em uma frigideira de borda alta e frite uniformemente a carne do frango no fogo médio. *Importante*: retire cerca de 100 g das tiras de frango para o almoço do dia seguinte.
5. Então, acrescente o tomate, o damasco e o molho de tomate sobre o frango na frigideira. Adicione em seguida o tomilho e as sementes de erva-doce. Tampe a frigideira e deixe cozinhar por cerca de 5 minutos. Destampe a frigideira e deixe mais 5 minutos no fogo. Em seguida, adicione o trigo reservado e misture suavemente.

**Ingredientes**
- 50 g de damasco seco
- 6 tomates
- 100 g de trigo mole
- 350 g de filé de peito de frango
- sal a gosto
- pimenta-do-reino moída a gosto
- 1 colher de sopa de óleo
- 1 colher de sopa de molho de tomate
- 2 colheres de sopa de tomilho fresco
- 1/2 colher de sopa de sementes de erva-doce

**Informação nutricional**
449 kcal
9 g gordura
49 g carboidrato
40 g proteína
(mais a salada semanal)

## Quarta-feira — Almoço

### *Wrap* de radicchio e tahine
Rendimento: 1 Porção

**Ingredientes**
- 50 g de pimentão verde
- 20 g de pasta de gergelim (tahine)
- 2 colheres de sopa de iogurte natural *light*
- 1/2 colher de chá de sementes de kümmel
- sal a gosto
- pimenta-do-reino moída a gosto
- 3 folhas de radicchio
- 1 pão folha (espécie de pão sírio bem fino)
- 100 g de tiras de frango (do dia anterior)

**Informação nutricional**
355 kcal
12 g de gordura
28 g de carboidratos
33 g de proteínas

1. Junte em uma tigela média a pasta de gergelim, o iogurte, as sementes de kümmel, sal e pimenta-do-reino. Misture bem.
2. Lave as folhas de radicchio e o pimentão e corte-os em tiras.
3. Aqueça o pão folha em uma frigideira sem óleo por vinte segundos de cada lado.
4. Em seguida, monte o *wrap*: cubra o pão sírio com a pasta de gergelim, radicchio, pimentão e as tiras de peru. Enrole grosso e feche os lados.

LIVRE DO CIGARRO

**3ª semana**
**Dia 3**

Quarta-feira — Jantar

## Aspargos com creme de iogurte e arroz com ervas finas
Rendimento: 2 Porções

1. Em uma tigela pequena, dissolva bem o amido de milho no caldo de legumes frio. Reserve. Em seguida, coloque o arroz em uma panela com 300 ml de água com sal e a ervas finas. Deixe cozinhar em fogo alto. Quando o líquido começar a ferver, abaixe o fogo e tampe a panela. *Importante*: separe 1/3 do arroz para a salada do dia seguinte.
2. Lave os aspargos e corte as extremidades duras. Coloque-os em um escorredor sobre uma panela grande com água fervente. Tampe e deixe-os no vapor até ficarem tenros, mas firmes, cerca de 6 minutos. *Importante*: separe 1/3 de aspargos para o dia seguinte, envolva-os em filme PVC transparente e guarde-os na geladeira.
3. Enquanto isso, aqueça a manteiga com o suco de laranja em uma panela. Quando a manteiga derreter, acrescente a clara misturando-a fortemente com um batedor de ovos. Adicione o amido dissolvido e deixe aquecer, mexendo sempre até obter um molho ligeiramente cremoso. Tire a panela do fogo e coloque o iogurte a colheradas. Tempere com sal e pimenta-do-reino. Salpique os aspargos e sirva junto com o creme de iogurte e o arroz com ervas finas.

**Ingredientes**
- 1 colher de chá de amido de milho
- 50 ml de caldo de legumes frio
- 750 g de aspargos verdes
- 150 g de arroz integral parboilizado
- 300 ml de água
- 1 colher de sopa de ervas finas
- 20 g de manteiga fria
- 50 ml de suco de laranja natural
- 1 clara
- 4 colheres de sopa de iogurte
- sal a gosto
- pimenta-do-reino moída a gosto

**Informação nutricional**
369 kcal
13 g de gordura
50 g de carboidratos
12 g de proteínas
(mais a salada semanal)

Quinta-feira — Almoço

## Salada de arroz com pera e rolinhos de presunto e aspargos
Rendimento: 1 Porção

**Ingredientes**
- 250 g de aspargos (do dia anterior)
- sal a gosto
- pimenta-do-reino moída a gosto
- 30 g de presunto de peito de peru fatiado bem fino
- 1 colher de sopa vinagre balsâmico branco
- 1 colher de sopa de óleo de canola
- 1 pera willians
- arroz com ervas finas (do dia anterior)
- 5 folhas de chicória

**Informação nutricional**
459 kcal
14 g de gordura
66 g de carboidratos
18 g de proteínas

1. Polvilhe os aspargos com sal e pimenta-do-reino. Enrole cada um deles em uma fatia de presunto de peru. Reserve.
2. Em uma tigela, junte o vinagre balsâmico, o óleo, sal e pimenta-do-reino.
3. Lave bem a pera, retire as sementes e corte-a em quadradinhos com a casca. Em seguida, misture-os no arroz com ervas finas.
4. Corte as folhas de chicória ao meio, retire o caule e pique-as. Misture-as ao arroz na hora de se servir, temperando com o vinagrete.

**3ª semana**

**Dia 4**

Quinta-feira — Jantar

## Chicória ao molho de limão e pintado
Rendimento: 2 Porções

1. Tempere os filés de pintado com sal, pimenta-do-reino e suco de meio limão. Reserve.
2. Lave a chicória e corte-a ao meio. Atenção para que as metades não se desmanchem. Raspe a casca da outra metade do limão, reserve-a e esprema o suco.
3. Aqueça a manteiga em uma frigideira de borda alta. Refogue metade da chicória em fogo médio, temperando-a com sal e pimenta-do-reino. Despeje o mel por cima da chicória.
4. À parte, junte o caldo de legumes, o suco e casca de limão e a alcaparra, misture e adicione na frigideira da chicória. Tampe-a e deixe cozinhar por cerca de 10 minutos.
5. Nesse meio tempo, ferva o painço com o dobro de água com sal por 5 minutos e deixe apurar por mais 10 minutos.
6. Enquanto isso, coloque os filés de pintado na frigideira da chicória, tampe-a e deixe cozinhar por aproximadamente 10 minutos. Vire os filés na metade do tempo e jogue um pouco de molho do cozimento sobre eles.

**Ingredientes**
- 2 filés de pintado (125 g cada)
- sal a gosto
- pimenta-do-reino moída a gosto
- 1 limão-siciliano
- 400 g de chicória
- 1 colher de sopa de manteiga
- 1 colher de chá de mel
- 100 ml de caldo de legumes
- 1 colher de sopa de alcaparras
- 100 g de painço

**Informação nutricional**
386 kcal
10 g de gordura
42 g de carboidratos
32 g de proteínas
(mais a salada semanal)

*Dagmar von Cramm • Jenny Levié*

Sexta-feira — Almoço

## Salada grega de alcachofra
Rendimento: 1 Porção

**Ingredientes**
- 100 g de tomates-cereja
- 240 g de coração de alcachofra em conserva
- 3 cebolinhas
- 100 g de queijo de cabra *light*
- tomilho seco
- grãos de pimenta preta
- 2 palitos *grissini* com gergelim

**Informação nutricional**
379 kcal
20 g de gordura
14 g de carboidratos
24 g de proteínas

1. Lave os tomates-cereja e corte-os ao meio. Drene os corações de alcachofra, reserve seu líquido e corte os corações em fatias. Coloque tudo em uma tigela média.
2. Lave as cebolinhas, elimine a raiz e corte somente a parte branca em anéis estreitos. Junte-os à alcachofra.
3. Corte o queijo de cabra em quadradinhos e coloque-os também na tigela.
4. À parte, junte o líquido da alcachofra, o tomilho e a pimenta preta moída na hora. Misture bem até ficar homogêneo. Então, despeje este molho sobre a salada de alcachofra. Sirva-se da salada com os palitos de *grissini*.

LIVRE DO CIGARRO

**3ª semana**

**Dia 5**

Quinta-feira — Jantar

## Mexilhões ao vinho com lentilhas e creme de mostarda
Rendimento: 2 Porções

1. Lave bem os mexilhões sob água corrente e descarte aqueles que estiverem com as cascas abertas.
2. Descasque a cebola e corte-a em fatias finas. Em seguida, descasque o alho e pique-o bem fininho. Em uma panela, junte o vinho branco, o caldo de legumes, as sementes de mostarda e as sementes de erva-doce e deixe no fogo alto até começar a ferver.
3. Adicione os mexilhões e cozinhe por cerca de 8 minutos, com a panela tampada. Chacoalhe-a de vez em quando para que os mexilhões cozinhem por igual. Estarão cozidos e bom para consumo quando estiverem com as cascas abertas. Descarte os que estiverem com as cascas fechadas. Então, coe os mexilhões, mas reserve o caldo do cozimento. Mantenha os mexilhões aquecidos.
4. Em uma panela pequena, coloque a lentilha vermelha com 250 ml do caldo reservado e deixe cozinhar por cerca de 10 minutos.
5. Enquanto isso, faça o molho: junte o iogurte, a mostarda, sal e pimenta-do-reino. Bata com um garfo até obter um creme homogêneo.
6. Sirva os mexilhões com o molho de mostarda e a lentilha

**Ingredientes**
- 1,5 kg de mexilhões
- 1 cebola
- 1 dente de alho
- 100 ml de vinho branco
- 200 ml de caldo de legumes instantâneo
- 1 colher de chá de grãos de mostarda
- 1/2 colher de chá de sementes de erva-doce
- 125 g de lentilha vermelha (lentilha-turca)
- 2 colheres de sopa de iogurte natural
- 1 colher de chá de mostarda
- sal a gosto
- pimenta-do-reino moída a gosto

**Informação nutricional**
369 kcal
8 g de gordura
41 g de carboidratos
29 g de proteínas
(mais a salada semanal)

Sábado — Almoço

## *Bruschetta* de atum com alface maché
Rendimento: 1 Porção

**Ingredientes**
- 2 tomates
- 4 folhas de manjericão
- 60 g de atum em conserva
- 2 colheres de sopa de azeite
- sal a gosto
- pimenta-do-reino moída a gosto
- 2 fatias de baguete
- 8 folhas de alface americana
- 1 colher de sopa de vinagre balsâmico tinto
- 1 colher de chá de suco de limão

**Informação nutricional**
384 kcal
19 g de gordura
35 g de carboidratos
18 g de proteínas

1. Lave os tomates e corte-os em cubinhos. Lave as folhas do manjericão e pique-as bem. Em uma saladeira pequena, coloque o tomate, o manjericão, o atum e 1 colher de sopa de azeite. Polvilhe sal e pimenta-do-reino e misture tudo. Reserve.
2. Em uma tigela pequena, junte o restante do azeite, o vinagre balsâmico, o suco de limão, sal e pimenta-do-reino. Bata bastante com um garfo.
3. Lave a alface, seque-a ligeiramente e depois tempere-a com o molho da tigela.
4. Toste as fatias de baguete e distribua a mistura de atum sobre elas.
5. Sirva-se da salada de alface acompanhada das *bruschettas*.

LIVRE DO CIGARRO

**3ª semana**
**Dia 6**

Sábado — Jantar

## Alcachofras com creme de abacate e *steak*
Rendimento: 2 pessoas

1. Corte o talo das alcachofras e lave-as bem. Raspe a casca do limão e esprema-o em um copo. Coloque as alcachofras em uma panela e despeje água misturada com a metade do suco de limão, o suficiente para cobrir metade da altura das alcachofras. Deixe cozinhar por cerca de 40 minutos, com a panela tampada, até as folhas se desprenderem com facilidade com um puxão.
2. Enquanto isso, corte o abacate ao meio, retire a semente e raspe a polpa, colocando-a em um prato fundo. Despeje o restante do suco de limão e amasse tudo com um garfo. Descasque o alho, pique-o bem fino e adicione ao creme de abacate, juntamente com o iogurte, a pimenta-de-caiena, a raspa de limão e sal. Misture bem.
3. Tempere os bifes com sal e pimenta-do-reino, frite-os no óleo quente, em fogo alto, por 1 minuto de cada lado. Abaixe o fogo e frite por mais 2 minutos. Conserve-os aquecidos.
4. Coma a alcachofra destacando as folhas e mergulhando-as antes no creme de abacate. Sirva-se dos *steaks* acompanhados de alguma salada de folhas.

**Ingredientes**
- 2 alcachofras grandes
- 1 limão-galego
- 1 abacate pequeno maduro
- 1 colher de sopa de iogurte
- uma pitada de pimenta-de-caiena
- 2 colheres de chá de óleo de canola
- 2 bifes de contrafilé sem gordura (100 g cada)
- sal a gosto
- pimenta-do-reino moída a gosto

**Informação nutricional**
396 kcal
15 g de gordura
21 g de carboidratos
42 g de proteínas
(mais a salada semanal)

*Dagmar von Cramm • Jenny Levié*

Domingo — Almoço

## Torta crocante de raddichio e coalhada com melão
Rendimento: 1 Porção

**Ingredientes**
- 100 g de radicchio
- 1 colher de chá de óleo
- sal a gosto
- pimenta-do-reino moída a gosto
- noz-moscada ralada
- 30 g de presunto de peru
- 1 ovo
- 50 g de coalhada fresca
- 50 g de massa *phyllo* pronta (comprada em casas especializadas em produtos árabes e judaicos)
- 2 fatias de melão cortado em cubos grandes

**Informação nutricional**
395 kcal
21 g de gordura
25 g de carboidratos
26 g de proteínas

1. Lave e seque as folhas de radicchio e corte-as em tiras. Aqueça uma colher de chá de óleo em uma frigideira e murche o radicchio, cerca de 3 minutos, temperando-o com sal, pimenta-do-reino e noz-moscada. Corte o presunto de peru em pedacinhos e misture ao radicchio.

2. Em uma tigela pequena, bata o ovo e adicione a coalhada. Tempere com sal e pimenta-do-reino e misture bem.

3. Abra a massa *phyllo* com cuidado. Pegue uma folha de cada vez, pincele manteiga derretida em cada folha e forre uma forma de fundo removível, sobrepondo cada uma, como um leque. Deixe as folhas saírem para fora da forma. Então, espalhe o radicchio, adicionando a mistura de ovo e coalhada por cima.

4. Sem perder tempo, una as pontas que estiverem sobrando para fora da forma, fechando a torta como um envelope. Leve para assar em forno pré-aquecido em 200°C, por cerca de 20 minutos. Saboreie o melão picado como sobremesa.

LIVRE DO CIGARRO

**3ª semana**
**Dia 7**

Domingo — Jantar

### Estrogonofe de carne de porco e arroz com rúcula
Rendimento: 2 Porções

1. Em uma panela, coloque o arroz com o dobro de água salgada e deixe em fogo alto até começar a ferver. Então, abaixe o fogo, tampe a panela e deixe cozinhar por mais 8 minutos. Lave, seque e corte a rúcula em tiras finas. A seguir, reserve.
2. Corte a cebola em quadradinhos. Corte os champignons pela metade se forem grandes. Corte o filé de porco em tiras e tempere-os com sal e pimenta-do-reino. Corte os pepininhos em rodelas pequenas. Reserve tudo.
3. Aqueça o óleo em uma frigideira e refogue as tiras de carne, até que fiquem douradinhas. Transfira a carne para um recipiente e volte a frigideira ao fogo. Refogue a cebola no óleo da fritura da carne, até que fiquem transparentes. Adicione o champignon e refogue por mais 2 minutos. Em seguida, despeje o caldo de carne, o creme de leite, os pedaços de pepino e o zimbro. Misture bem e deixe cozinhar por 5 minutos, mexendo de vez em quando, até ficar cremoso.
4. Coloque novamente a carne de porco na frigideira e deixe aquecer bem.
5. Misture a rúcula no arroz e aqueça se for necessário. Sirva em seguida.

**Ingredientes**
- 100 g de arroz integral (parboilizado)
- sal a gosto
- 100 g de rúcula
- 1 cebola
- 200 g de champignons em conserva
- 200 g de filé de porco
- pimenta-do-reino moída a gosto
- 5 pepininhos em conserva
- 1 colher de sopa de óleo
- 200 ml de caldo de carne
- 50 ml de creme de leite *light*
- 6 zimbros

**Informação nutricional**
421 kcal
12 g de gordura
47 g de carboidratos
32 g de proteínas
(mais a salada semanal)

# Dicas e truques

No fim da terceira semana, você já pode se considerar uma vencedora: submeteu seu corpo a substâncias amargas e poderosas, e isso vai valer a pena. Fique tranquila, sua pele logo vai começar a clarear e seu organismo, como um todo, a equilibra-se.

# 4ª Semana

## O fortalecimento da imunidade e a estabilidade emocional

Aos poucos você se sente realmente melhor e ruma para o lado dos vencedores. Você pode notar que os efeitos colaterais ao parar de fumar, tais como mau humor, ansiedade ou nervosismo têm diminuído bastante. Agora, prevalecem as mudanças positivas: consegue respirar melhor, sente-se literalmente livre e mais capaz, o remorso desapareceu e o estresse de procurar um lugar permitido para fumantes não existe mais.

Você pode auxiliar ainda mais o processo de recuperação de seu corpo, fortalecendo nesta semana seu sistema imunológico. No fim das contas, por causa da exposição ao cigarro, suas reservas de nutrientes, apesar das três semanas anteriores sem fumar, ainda não estão totalmente reabastecidas, especialmente sua necessidade de quase todas as vitaminas, bem como de alguns minerais, como cálcio, zinco e selênio.

## PROTEJA AS CÉLULAS DO ESTRESSE OXIDATIVO

Especialmente crítico é o abastecimento de antioxidantes, as famosas vitaminas A, C e E, pois sua necessidade foi muito aumentada pelo antigo vício. A vitamina E protege, acima de tudo, de danos às paredes celulares; a vitamina C beneficia o interior das células; e a vitamina A é indispensável para o crescimento celular e a constituição da pele e das mucosas.

Mas alguns suplementos vitamínicos podem ajudar? Sim, mas de modo algum são tão eficazes quanto os alimentos naturais. Por isso, esta quarta semana de nossa dieta está destinada aos alimentos que contêm um alto teor natural de vitaminas antioxidantes. Vantagem: elas possuem grande quantidade de outras substâncias emagrecedoras, que são benéficas para o seu corpo. Dessa forma, o cardápio desta semana que se inicia é uma verdadeira "arma" antioxidante, a saber:

- A vitamina C pertence às vitaminas solúveis em água e deve, por essa razão, ser consumida diariamente. A boa notícia: você não precisa preencher nenhuma reserva vazia — já não há nenhuma. A vitamina C (ácido ascórbico) está presente sobretudo em frutas e legumes. Os campeões são a acerola, que contém sete vezes mais vitamina C do que o pimentão, a rosa-mosqueta, o falso-espinheiro, as frutas cítricas e as amoras, os pimentões, o repolho e algumas ervas aromáticas, como a salsinha, sempre que ingeridas em grande quantidades. Os fumantes precisam consumir 50% mais de vitamina C que os não fumantes — ou seja, você tem algo a recuperar.

- A vitamina E pertence ao grupo das vitaminas solúveis em gordura, e isso significa que você pode aumentar suas reservas consumindo nozes, sementes e óleo de soja, gérmen de trigo e o óleo de gérmen de trigo. Óleo de girassol tem muita vitamina E, mas é um composto de ácidos graxos desfavorável — melhor petiscar amêndoas!
- A vitamina A também é solúvel em gordura, porém é a antioxidante mais complexa. Esta vitamina pura vem dos alimentos de origem animal, sobretudo o fígado. Mas não se preocupe — mesmo os vegetarianos podem suprir-se da vitamina A de outras maneiras, pois em seu pré-estágio os carotenoides são encontrados nas substâncias caloríficas de frutas e legumes. A mais eficaz é o betacaroteno, que está contido nas cenouras e em todos os alimentos de cor acentuada, como amarelo, laranja e vermelho. Entre esses alimentos estão a abóbora, os pimentões vermelho e amarelo, a laranja, a manga, o melão, o caqui, a maçã, a melancia, o repolho roxo etc. Também são encontrados em folhas verde-escuras como o brócolos, o espinafre, a alface, o aipo etc. Em geral, quanto maior a intensidade da cor, maior quantidade de carotenoides tem o alimento.
- *Importante:* os carotenoides precisam de um pouco de gordura para serem absorvidos pelo intestino. Alguns desses alimentos cozidos tem um poder ainda maior no seu organismo. A pasta de pimentão (*ajvar*) e a massa de tomate oferecem ao corpo mais licopeno do que o legume cru. A melhor proteção contra o cân-

cer, como comprovaram vários estudos científicos, é alcançada com uma mistura de todos os carotenoides, na forma em que eles existem na natureza.
- O zinco e o selênio são indispensáveis no sistema antioxidante. Não é à toa que o zinco seja tradicionalmente empregado em pomadas contra ferimentos. Porém, agora o zinco é necessário para seu organismo, e ele pode ser absorvido naturalmente através de peixe, ovo, noz, sementes e grãos integrais, o que também vale para a absorção de selênio.
- Especialmente rico em selênio são a castanha-do-Pará, brotos de feijão, de lentilha, sementes de gergelim, fígado, carne e aves.

## DEFESA IMUNOLÓGICA AUMENTADA PELAS SUBSTÂNCIAS BIOATIVAS

As substâncias bioativas já surgem relacionadas aos temperos fortes e às fibras. Essas substâncias são formadas no metabolismo das plantas e atuam na manutenção da saúde; muitas delas aumentam as defesas imunológicas. Os carotenoides são substâncias bioativas, como as fibras. Entre elas, são muito eficazes todos os tipos de couves e mostardas com seus glucosinolatos, que intensificam a defesa e também atuam contra o câncer. Com a mesma atividade temos ainda os flavonoides, substâncias bioativas que estão presentes nas bulbosas, do alho-poró até o alho. Todos eles aumentam nossa defesa e são um verdadeiro escudo protetor contra inflamações e danos celulares. E como uma parte de nossa defesa orgânica celular se estabelece no intestino, os iogurtes probióticos também entram no programa: eles realmente promovem uma flora intestinal saudável por meio de culturas bacterianas especiais.

Essa reabilitação geral das células estressadas de um ex-fumante é complementada por exercícios de respiração. Não faz apenas bem ao pulmão, mas também atua como um banho revigorante de oxigênio. Levanta o ânimo! O melhor que pode acontecer para um futuro livre da nicotina.

## O QUE HÁ PARA COMER NO ALMOÇO

Você pode preparar o almoço sempre na noite anterior. As receitas de almoço trazem porções individuais, mas as receitas para o jantar foram elaboradas para servir duas pessoas.

## O café da manhã

Logo após acordar, delicie-se tomando um copo de suco de laranja preparado na hora. Essa pequena dose de vitamina C mobiliza suas forças de defesa e a deixa bem desperta. Quando não houver laranjas em sua casa, tome suco de limão ou acerola sem adoçar. Ácido, porém benéfico para seu organismo!

## OPÇÕES PARA O CAFÉ DA MANHÃ

Para o café da manhã há três sugestões. Você pode escolher em cada dia o que deseja comer.

### *Mix* de frutas com nozes
Rendimento: 1 Porção

1. Descasque a tangerina, retire a pele que recobre os gomos e corte-a em pedaços. Corte a polpa da manga em pedaços pequenos.
2. Em uma tigela, junte a tangerina, a manga e as framboesas.
3. Regue o óleo de nozes sobre os pedaços de frutas e misture delicadamente.

**Ingredientes**
- 1 tangerina ou similar (40 g)
- 100 g de framboesas (frescas ou congeladas)
- 1/2 manga pequena picada
- 2 colheres de sopa de óleo de noz-pecã

**Informação nutricional**
300 kcal
6 g de gordura
59 g de carboidratos
3 g de proteínas

### Torradas com choco-mascarpone
Rendimento: 1 Porção

1. Passe o mascarpone ou requeijão no pão integral e espalhe por cima a raspa de chocolate.
2. Descasque a laranja, retire a pele que a recobre e corte-a em pedaços. Coma a laranja com as torradas de choco-marcarpone.

**Ingredientes**
- 2 fatias de torrada integral
- 2 colheres de sopa de mascarpone magro ou requeijão cremoso
- 1 colher de sopa de raspa de chocolate amargo
- 1 laranja

**Informação nutricional**
288 kcal
11 g de gordura
38 g de carboidratos
7 g de proteínas

## *Müsli* de painço com frutas
Rendimento: 1 Porção

**Ingredientes**
- 30 g de flocos de painço integral
- 1 colher de sopa de suco de falso-espinheiro
- 150 g de iogurte probiótico *light*
- 2 colheres de sopa de mirtilo seco
- 1 xícara de frutas picadas, de sua preferência

**Informação nutricional**
297 kcal
5 g de gordura
50 g de carboidratos
11 g de proteínas

1. Misture os flocos de painço e o suco de falso-espinheiro no iogurte e, delicadamente, o mirtilo.
2. Coloque as frutas picadas no *müsli* ou coma-as com ele, à parte.

# BEBIDA PARA O CAFÉ DA MANHÃ

Depois que componentes antioxidantes também foram descobertos nos grãos de café, você pode escolher entre todas as especialidades existentes aquelas que você mais aprecia. Mas tome-o, senão puro e sem açúcar, no máximo com um mínimo de adoçante dietético e leite desnatado. Amantes do chá devem escolher entre o chá preto e o verde. Quem não precisa de um "empurrão" de cafeína pela manhã, pode preparar um jarro de chá antioxidante para todo o dia, usando 1/3 de erva de rosa-mosqueta, 1/3 de casca de maçã e 1/3 de folhas de sálvia frescas. Prepare deste modo: coloque duas colheres de sopa de cada ingrediente em um panela e deixe em infusão em um litro de água fervente, tampada. Coe após 10 minutos e misture com o suco de 2 limões-sicilianos.

## OPÇÕES DE SALADA PARA A SEMANA

Você já sabe: em cada jantar há a salada semanal com um molho especial. Se preferir, você pode escolher entre todas as folhas verdes e comer a quantidade que desejar.

### Molho para a 4ª semana
Rendimento: 14 Porções ou 1 mês

1. Coloque massa de tomate, a pasta de pimentão, o sal, a pimenta-do-reino e a pimenta-de-caiena no copo de um liquidificador. Adicione o iogurte, o óleo de gérmen de trigo e bata no liquidificador por 1 minuto. Transfira o conteúdo para uma vasilha.
2. Lave o manjericão e a salsinha, separe as folhas e pique-as dentro do copo do liquidificador. Adicione o alho picado com 1/2 xícara de soro de leite. Bata no liquidificador por alguns segundos. Então, acrescente a mistura da vasilha e o restante do soro de leite e bata mais um pouco. Despeje o molho na garrafa marcada com as medidas diárias e conserve-a na geladeira para uso posterior.

**Ingredientes**
- 3 colheres de sopa de massa de tomate
- 3 colheres de sopa de pasta de pimentão picante
- 1 colher de sopa de sal
- 1 colher de chá de pimenta-do-reino
- uma pitada de pimenta-de-caiena
- 200 ml de iogurte natural *light*
- 120 ml de óleo de gérmen de trigo
- 1 maço de salsa
- 1 maço de manjericão
- 2 dentes de alho
- 200 ml de soro de leite

**Informação nutricional**
93 kcal
9 g gordura
1 g carboidrato
1 g proteína

Segunda-feira — Almoço

## Salada crocante de atum
Rendimento: 1 Porção

**Ingredientes**
- 1/2 lata de atum ao natural (cerca de 150 g drenado)
- 3 tomates
- 3 cebolinhas brancas
- 1 couve chinesa grande (cerca de 800 g)
- 1 maço de manjericão
- 1 colher de sopa de azeite
- 2 colheres de sopa de pasta de pimentão picante (*ajvar*)
- sal a gosto
- pimenta-do-reino moída a gosto
- 1 fatia de torrada integral

**Informação nutricional**
405 kcal
16 g de gordura
24 g de carboidratos
41 g de proteínas

1. Deixe o atum escorrer, coe o líquido e separe. Lave os tomates, corte-os ao meio, retire o miolo e corte em pedacinhos. Descasque as cebolinhas e corte em anéis finos. Lave a couve chinesa e corte-a em tiras finas. Separe duas xícaras da couve cortada e misture-as na saladeira. *Importante:* guarde o restante da couve chinesa para o jantar e o almoço do dia seguinte.

2. Lave o manjericão, separe as folhas e corte-as fininho. Faça um molho com o azeite, a pasta de pimentão e um pouco do líquido do atum reservado.

3. Despeje o molho na saladeira e polvilhe sal e pimenta-do-reino. Pique a torrada em pedaços pequenos e misture-os à salada. Sirva-se em seguida.

4ª semana

Dia 1

Segunda-feira — Jantar

**Refogado chinês com *kassler***
Rendimento: 2 Porções

1. Elimine as raízes e as extremidades do alho-poró. Abra os talos pelo comprimento e corte-os em pedaços de 5 cm. Lave e abra os pimentões, retire o miolo e as sementes. Corte-os em quadradinhos.
2. Aqueça metade do óleo de gergelim em uma panela *wok* e frite as costelas de porco, dourando-as dos dois lados. Retire-as da *wok* e conserve-as aquecidas, à parte.
3. Acrescente o restante do óleo de gergelim na panela e frite o alho-poró cerca de 5 minutos. Em seguida, adicione o caldo de legumes e deixe ferver por mais 10 minutos. Então, junte o pimentão e a couve chinesa e misture bem.
4. Descasque o gengibre, corte-o em pequenas lascas e junte-as ao refogado. Acrescente o tempero chinês, o cominho, a citronela, sal e pimenta-do-reino. Deixe cozinhar por 2 minutos com a panela tampada.
5. Para finalizar, coloque as costelas de porco sobre o refogado e deixe no fogo por alguns instante. Sirva com a mostarda de raiz-forte.

**Ingredientes**
- 2 talos de alho-poró
- 2 pimentões vermelhos
- 2 colheres de sopa de óleo de gergelim
- 200 ml de caldo de legumes
- 400 g de couve chinesa (reservada na preparação do almoço)
- 1 pequeno pedaço de gengibre fresco
- 1 colher de sopa de tempero chinês (Ajinomoto)
- cominho
- 2 raminhos de citronela
- sal a gosto
- pimenta-do-reino moída a gosto
- 2 costelas de porco magras cortadas finas (125 g cada)
- 2 colheres de sopa de mostarda de raiz-forte

**Informação nutricional**
420 kcal
23 g de gordura
21 g de carboidratos
31 g de proteínas
(mais a salada semanal)

Terça-feira — Almoço

## Salada de couve chinesa com salsicha vienense

Rendimento: 1 Porção

### Ingredientes
- 1 fatia de abacaxi (com cerca de 120 g)
- 100 g de aipo-rábano
- 1/4 de xícara de noz partida
- 200 g couve chinesa (reservada no dia anterior)
- 1 colher de chá de óleo de canola ou óleo de gérmen de trigo
- 2 colheres de sopa de iogurte *light*
- 1 colher de sopa de suco de limão-siciliano
- 1 colher de chá de mel
- sal a gosto
- pimenta-do-reino moída a gosto
- 1 salsicha vienense de peru (100 g)
- 2 colheres de sopa de mostarda leve

**Informação nutricional**
389 kcal
25 g de gordura
26 g de carboidratos
14 g de proteínas

1. Pique o abacaxi em pedaços bem pequenos, descartando o miolo duro, e coloque-os em uma tigela.

2. Descasque o aipo-rábano, corte-o em cubos pequenos e misture-os, em seguida, aos pedacinhos de abacaxi para que o aipo não escureça. Adicione a noz partida e a couve chinesa cortada em tiras. Misture todos os ingredientes.

3. À parte, junte o óleo, o iogurte, o suco de limão, o mel, sal e pimenta-do-reino. Misture bem e tempere a salada com ele.

4. Cozinhe a salsicha de peru em água fervente e coloque-a em um prato coberta de mostarda. Coma com a salada.

LIVRE DO CIGARRO

4ª semana

**Dia 2**

Terça-feira — Jantar

## Salmão agridoce com repolho e abacaxi
Rendimento: 2 Porções

1. Lave os filés de salmão sob água corrente, seque-os com papel absorvente e passe o molho de pimenta picante sobre eles.
2. Descasque a batata e corte-a em cubinhos. Faça o mesmo procedimento com o abacaxi, deixando os quadradinhos do mesmo tamanho que os de batata. Pique bem o repolho. Descasque o aipo-rábano.
3. Aqueça o óleo em uma caçarola e frite ligeiramente o aipo-rábano, adicionando em seguida o repolho, a batata e o abacaxi.
4. À parte, junte o suco de laranja, a mostarda, sal e pimenta-do-reino. Misture bem e despeje na caçarola.
5. Quando o líquido começar a ferver, abra um espaço entre a mistura da panela e coloque os filés de salmão. Deixe cozinhar em fogo baixo por 15 minutos, virando-os na metade do tempo.

Ingredientes
- 2 filés de salmão frescos (125 g cada)
- 2 colheres de sopa de molho de pimenta picante
- 1 batata grande
- 2 fatias de abacaxi finas (cerca de 150 g)
- 150 g de repolho roxo
- 150 g de aipo-rábano
- 1 colher de sopa de óleo de canola
- suco de 1 laranja
- 2 colheres de chá de mostarda forte
- sal a gosto
- pimenta-do-reino moída a gosto

**Informação nutricional**
436 kcal
20 g de gordura
30 g de carboidratos
31 g de proteínas
(mais a salada semanal)

Quarta-feira — Almoço

## Salada de repolho com tomate-cereja e pão com *cottage*
Rendimento: 1 Porção

**Ingredientes**
- 150 g de repolho
- 150 g de tomate-cereja
- 1 laranja
- 1 colher de sopa de óleo de canola
- 1 colher de chá de mostarda picante
- sal a gosto
- pimenta-do-reino moída a gosto
- 2 fatias finas de pão integral (50 g)
- 1 xícara de folhas de agrião
- 100 g de queijo *cottage* (ou ricota fresca)

**Informação nutricional**
427 kcal
15 g de gordura
46 g de carboidratos
22 g de proteínas

1. Pique o repolho bem miúdo e coloque em uma saladeira pequena. Lave os tomates-cereja, corte-os ao meio e acrescente-os ao repolho. Reserve.

2. Lave a laranja e raspe a casca bem fino. Corte a fruta ao meio, descasque uma metade e corte-a em pedacinhos. Esprema a outra metade.

3. Em uma tigela pequena, junte a raspa da casca e o suco da laranja, a mostarda, sal, pimenta-do-reino e o óleo de canola. Misture bem e tempere a salada com ele.

4. Lave as folhas de agrião, seque-as e pique-as bem fino. Espalhe o queijo *cottage* sobre as fatias de pão e distribua o agrião sobre ele.

5. Coma a salada com as fatias de pão com queijo *cottage* e agrião.

4ª semana — Dia 3

Quarta-feira — Jantar

## Picadinho com legumes e tiras de abóbora
Rendimento: 2 Porções

1. Lave a abóbora, corte-a ao meio e retire as sementes. Depois, corte-a em tiras finas — a abóbora não deve ser descascada. Umedeça os pedaços de abóbora com o suco de laranja, tempere-os com sal e pimenta-do-reino e espalhe-as em uma assadeira forrada com papel de alumínio, com a casca virada para baixo. Deixe cozinhar no forno a 200°C, pré-aquecido, por cerca de 25 minutos.

2. Enquanto isso, descarte as primeiras camadas de folhas do repolho. Separe 500 g do repolho, pique bem fininho e coloque-o em uma panela. *Importante:* guarde o restante do repolho cru na geladeira para o jantar da quinta-feira.

3. Descasque a cebola e o gengibre. Abra o pimentão ao meio e retire o miolo e as sementes. Pique tudo em quadradinhos e adicione-os na panela do repolho. Tempere com sal e pimenta e cozinhe por cerca de 15 minuto, em fogo alto com a tampa.

4. Aqueça o óleo em uma frigideira antiaderente e refogue ligeiramente a carne até ela começar a ficar soltinha. Em seguida, tempere com sal, alho e pimenta-do-reino. Mexa até a carne fritar. Reserve.

5. *Importante:* separe 1/3 da carne moída e 1/3 da abóbora cozida para o almoço do dia seguinte.

6. Para finalizar o jantar, misture ligeiramente o *cream cheese* na carne moída e sirva com as tiras de abóbora cozida sem as cascas.

### Ingredientes
- 1 abóbora japonesa com 750 g
- suco de 1 laranja
- sal a gosto
- pimenta-do-reino moída a gosto
- 1 repolho branco
- 1 colher de sopa de óleo de canola
- 1 cebola pequena
- 1 pimentão vermelho
- 350 g de carne bovina moída magra
- 1 pedaço de gengibre (de 2 cm)
- 2 colheres de sopa de *cream cheese*

**Informação nutricional**
373 kcal
12 g de gordura
34 g de carboidratos
30 g de proteínas
(mais a salada semanal)

*Dagmar von Cramm • Jenny Levié*

Quinta-feira —Almoço

## Salada de carne moída ao molho de laranja
Rendimento: 1 Porção

**Ingredientes**
- carne moída frita (do dia anterior)
- abóbora cozida (do dia anterior)
- 1 pedaço de gengibre (3 cm)
- suco de 1/2 laranja
- 1 colher de chá de óleo de canola
- 1 colher de chá de mostarda picante
- sal a gosto
- pimenta-do-reino moída a gosto
- 10 g de sementes de gergelim

**Informação nutricional**
369 kcal
15 g de gordura
19 g de carboidratos
39 g de proteínas

1 Logo cedo, pela manhã, retire a carne moída frita e a abóbora da geladeira para fiquem em temperatura ambiente. Descasque a abóbora e pique-a em cubos pequenos.

2 Descasque o gengibre, pique-o em pedaços e passe-os pelo espremedor de alho.

3 Em uma tigela pequena, junte o gengibre, o suco de laranja, o óleo de canola, a mostarda, sal e pimenta-do-reino. Misture bem.

4 Coloque a carne e a abóbora em uma saladeira e despeje o molho de gengibre e laranja. Misture tudo.

5 Toste as sementes de gergelim em uma frigideira antiaderente sem óleo e polvilhe-a sobre a salada.

**4ª semana**

**Dia 4**

Quinta-Feira — Jantar

## Beterraba com *carpaccio*
Rendimento: 2 Porções

1. Pique o repolho, descasque a cebola e corte-a em quadradinhos. Raspe a casca de 1/2 limão e esprema o suco de todo o limão.
2. Aqueça o óleo de canola em uma panela e refogue ligeiramente a cebola. Em seguida, adicione o repolho e refogue um pouco mais.
3. Adicione o louro, o cravo-da-índia, o suco e a raspa da casca do limão, o suco de laranja, sal e pimenta-do-reino. Misture bem e deixe cozinhar em fogo baixo por cerca de 30 minutos, com a panela tampada. Mexa de vez em quando.
4. Lave as beterrabas, descasque-as e corte-as em quadradinhos. Nos 10 minutos finais do cozimento do repolho, acrescente a beterraba na panela e misture bem.
5. Enquanto isso, corte o *carpaccio* em tiras e coloque-as em uma das extremidades de travessa ovalada. Misture o *cream cheese* com a pasta de raiz-forte e espalhe-a sobre o *carpaccio*.
6. Lave a cebolinha e corte os talos em pequenos anéis. Transfira a mistura de repolho e beterraba para a travessa e espalhe a cebolinha por cima. Sirva em seguida.

**Ingredientes**
- repolho branco cru (reservado na quarta-feira)
- 1 limão Taiti grande
- 1 colher de sopa de óleo de canola
- 1 cebola média
- 2 folhas de louro
- uma pitada de cravo-da-índia em pó
- 1 xícara de suco de laranja natural
- sal a gosto
- pimenta-do-reino moída a gosto
- 500 g de beterraba
- 200 g de *carpaccio* pronto
- 1 colher de chá de pasta de raiz-forte
- 100 g de *cream cheese*
- 1 maço de cebolinha

**Informação nutricional**
392 kcal
16 g de gordura
30 g de carboidratos
28 g de proteínas
(mais a salada semanal)

Sexta-feira — Almoço

## Salada de beterraba com rolinhos de rosbife
Rendimento: 1 Porção

**Ingredientes**
- 250 g de beterraba crua
- 6 pepininhos em conserva
- 100 g de rúcula
- 4 colheres de sopa do mosto dos pepininhos
- 1 colher de sopa de mostarda picante
- 1 colher de chá de óleo de canola
- suco de 1 limão Taiti
- sal a gosto
- pimenta-do-reino moída a gosto
- 100 g de coalhada magra
- 1 colher de sopa de pasta de raiz-forte
- 2 colheres de sopa de creme de leite *light*
- 100 g de rosbife cortado fino

**Informação nutricional**
473 kcal
25 g de gordura
21 g de carboidratos
40 g de proteínas

1. Cozinhe a beterraba, descasque-a e corte-a em quadradinhos. Corte os pepininhos em rodelas. Lave as folhas de rúcula e pique-as bem. Misture os três ingredientes e coloque-os em uma saladeira.
2. Em uma tigela pequena, misture bem o mosto dos pepininhos com mostarda e o óleo de canola. Adicione metade do suco do limão, sal e pimenta-do-reino. Tempere a salada.
3. À parte, misture a coalhada, o restante do suco de limão, a pasta de raiz-forte, o creme de leite, sal e pimenta-do-reino. Espalhe este creme em cada fatia de rosbife e enrole-as. Sirva como entrada para a salada.

Sexta-feira — Jantar

## Couve-de-bruxelas com queijo de cabra
Rendimento: 2 Porções

1. Lave os buquês de couve-de-bruxelas, retire o excesso de água e acondicione-os em um escorredor de macarrão com alecrim picado por cima. Coloque o escorredor sobre uma panela grande com cerca de 3 cm de água. Deixe a verdura no vapor por cerca de 15 minutos, ou até ficar cozida, porém crocante. Acrescente um pouco de água na panela se o líquido baixar muito. *Importante:* separe 1/3 da couve-de-bruxelas e 1/2 xícara do líquido do cozimento para o almoço do dia seguinte. *Uma dica*: para dar mais sabor à preparação, a água da panela pode ser temperada com ervas, gengibre, alho, folhas de louro ou especiarias.
2. Descasque a cebola e pique-a bem. Corte o queijo de cabra em cubos.
3. Aqueça o azeite em uma frigideira de borda alta e frite a cebola. Em seguida, adicione os cubinhos de queijo e 1 xícara de água do cozimento.
4. Retire a couve-de-bruxelas do escorredor e misture-a delicadamente na frigideira. Tempere com sal e pimenta-do-reino. Sirva-se em seguida.

**Ingredientes**
- 1 kg de couve-de-bruxelas fresca
- 1/4 de xícara de alecrim fresco picado
- 200 g de queijo de cabra *light* com soro
- 2 cebolas pequenas
- 1 colher de sopa de azeite
- sal a gosto
- pimenta-do-reino moída a gosto

**Informação nutricional**
396 kcal
20 g de gordura
23 g de carboidratos
30 g de proteínas
(mais a salada semanal)

Sábado — Almoço

## Couve-de-bruxelas marinada com ovos mexidos
Rendimento: 1 Porção

**Ingredientes**
- 1 colher de sopa de azeite de oliva
- 1 colher de sopa de vinagre de vinho branco
- 1 colher de sopa de mostarda forte, tipo Dijon
- uma pitada de cominho em pó
- sal a gosto
- pimenta-do-reino moída a gosto
- 300 g de couve-de-bruxelas cozidas no vapor (do dia anterior)
- 2 ovos
- 2 colheres de sopa de água mineral
- 1/2 colher de chá de *curry*
- 1 colher de chá de óleo de canola

**Informação nutricional**
452 kcal
32 g de gordura
11 g de carboidratos
30 g de proteínas

1. De véspera, prepare uma marinada com azeite, vinagre de vinho branco, mostarda tipo Dijon, cominho, sal e pimenta-do-reino. Coloque a couve-de-bruxelas, 1/2 xícara do líquido do cozimento do dia anterior.
2. À parte, bata os ovos e adicione a água mineral, sal, pimenta-do-reino e o *curry*.
3. Aqueça uma frigideira antiaderente com o óleo de canola e frite a massa, mexendo com um garfo para que se transforme em ovos mexidos. Deixe esfriar e espalhe porções sobre a couve-de-bruxelas.

**4ª semana**

**Dia 6**

Sábado — Jantar

## Delícias grelhadas
Rendimento: 2 Porções

1. Descasque os dentes de alho e o gengibre, esprema-os com o espremedor e coloque-os em uma tigela. Lave o limão, raspe a casca de metade, depois esprema as duas partes. Junte com a pimenta-de-caiena, sal, a salsinha picada e o vinho branco na tigela.
2. Cubra as bistecas com metade dessa marinada e coloque o camarão marinando na outra metade, por cerca de 1 hora.
3. Enquanto isso, cozinhe as batatinhas, evitando que fiquem moles. Reserve.
4. Lave o pimentão, elimine miolo e sementes e corte-o em tiras largas. Raspe as cenouras, corte-as no sentido do comprimento e corte as cebolas em rodelas.
5. Coloque as fatias de filé para grelhar, pincelando de vez em quando com a própria marinada para não ressecarem. Quando estiverem no ponto desejado, acrescente os legumes crus e deixe-os grelhar por 3 minutos, deixando-os *al dente*. Retire a carne e os legumes da grelha e mantenha-os aquecidos em uma travessa.
6. Deixe os camarões na grelha, até mudarem de cor e ficarem cozidos juntamente, com as batatinhas cozidas.
7. Bata no liquidificador o *cream cheese*, o iogurte, o suco de limão-galego e o orégano, até ficar uma pasta. Sirva-se dos grelhados com este molho.

**Ingredientes**
- 2 dentes de alho
- 1 pedaço de gengibre (2 cm)
- 2 limões-galegos
- pimenta-de-caiena a gosto
- 2 colheres de sopa de salsinha picada
- 2 colheres de sopa de vinho branco seco
- 2 bistecas de porco cortadas finas (200 g)
- 2 camarões pistola limpos
- 300 g de batatinha
- 1 pimentão vermelho
- 2 cenouras médias
- 2 cebolas médias
- sal a gosto
- uma pitada de pimenta-turca
- 150 g de *cream cheese*
- 100 ml de iogurte natural *light*
- suco de 1/2 limão-galego
- 1 colher de chá de orégano

**Informação nutricional**
447 kcal
12 g de gordura
40 g de carboidratos
43 g de proteínas
(mais a salada semanal)

Domingo —Almoço

## *Muffins* ACE

Rendimento: 12 muffins (2 por porção)

**Ingredientes**
- 100 g de amêndoas sem casca
- 350 g de cenouras
- 1 laranja
- 100 g de flocos de painço
- 100 g de farinha de espelta integral
- 2 1/2 colheres de chá de fermento em pó
- 2 ovos
- 100 g de isomalte
- 50 g de mel
- 1 pacotinho de baunilha em pó
- 5 colheres de sopa de óleo de canola
- 1 limão Taiti

**Informação nutricional**
(2 bolinhos):
423 calorias
22 g de gordura
47 g de carboidratos
9 g de proteínas

1. Unte com margarina e enfarinhe 12 forminhas de *muffin* ou forminhas de papel da mesma profundidade da forminha.
2. Triture as amêndoas. Lave as cenouras e rale--as no lado mais fino do ralador. Lave a laranja, raspe a casca e esprema o suco. Reserve-o.
3. Em uma tigela, misture a raspa de casca de laranja com as amêndoas, a cenoura, os flocos de painço, a farinha de espelta e o fermento em pó.
4. Bata os ovos na batedeira e vá adicionando, aos poucos, o isomalte, o mel, a baunilha, o óleo e o suco de limão.
5. Desligue a batedeira e adicione a mistura de amêndoas, cenoura e farinha. Mexa delicadamente até obter uma massa homogênea. Despeje a massa nas forminhas e leve para assar em forno a 180°C, preaquecido, por cerca de 30 minutos, ou até a massa estar assada e dourada.

4ª semana

**Dia 7**

Domingo — Jantar

## Couve-flor com ovos ao molho picante
Rendimento: 2 Porções

1. Lave a couve-flor e divida-o em buquês. Lave bem as batatas sob água corrente com uma esponja. Coloque água até a metade de uma panela grande, sal a gosto, e leve ao fogo. Coloque sobre ela um escorredor de macarrão com a couve-flor e a batata dentro e deixe cozinhar no vapor por cerca de 20 minutos. *Uma dica*: para dar mais sabor aos legumes, a água da panela pode ser temperada com ervas, gengibre, alho, folhas de louro ou especiarias etc.
2. Cozinhe os ovos por 5 minutos, para que não fiquem duro demais. Reserve.
3. Derreta a manteiga em uma panela pequena e misture a farinha, mexendo sem parar até engrossar. Em seguida, despeje a água do cozimento da couve-flor. Deixe ferver por 1 minuto e bata com um batedor de ovos ou um garfo, até obter um creme liso e homogêneo. Então, adicione o leite e o creme de leite, incorpororando-o ao creme.
4. Lave a cebolinha, corte-a em pequenos anéis e adicione ao molho. Acrescente o iogurte e o pasta de pimentão picante e tempere com suco de limão, sal e pimenta-do-reino.
5. Sirva a couve-flor e a batata cobertas com molho picante, assim como os ovos abertos transversal.

**Ingredientes**
- 1 couve-flor pequena
- 200 g de batatinha
- 2 ovos
- 1 colher de sopa de manteiga
- sal a gosto
- 1 colher de sopa de farinha
- 1 xícara de água do cozimento
- 1 xícara de leite com baixo teor de gordura
- 2 colheres de sopa de creme de leite *light*
- 2 cebolinhas
- 1 iogurte natural (200 ml)
- 4 colheres de sopa de pasta de pimentão picante
- 1 colher de chá de suco de limão
- pimenta-do-reino moída a gosto

**Informação nutricional**
382 kcal
26 g de gordura
19 g de carboidratos
17 g de proteínas
(mais a salada semanal)

# Dicas e Truques

Fantástico! Você concluiu de fato quatro semanas de um programa de desintoxicação e tolerância. Certamente aprendeu muito sobre si mesma e sobre alimentos, temperos, gosto e prazer. No fim das contas, a "recompensa" por parar de fumar não vem apenas na forma de um sentimento de vida livre e saudável, mas também de pulmões mais limpos e mente esclarecida. Seu paladar "despertou" para os novos sabores!

Capítulo 5

# NO FUTURO: CORPO ESBELTO, SEM NICOTINA

# Daqui para frente

Em primeiro lugar: parabéns! Você deu um passo gigantesco para uma vida melhor, mais fácil e saudável. E agora se pergunta: devo continuar com a mudança de toda a minha alimentação? Não tenha medo: você não precisa manter a dieta por toda a sua vida. De qualquer forma: ex-fumantes precisam ponderar que, após essas quatro semanas, não podem comer apenas de acordo com a vontade e o humor do momento se desejam manter o peso, pois eles não se diferenciam dos não fumantes em nada. Neste capítulo você aprenderá por quanto tempo ainda deve continuar a comer de modo controlado, como pode organizar de forma simples sua alimentação diária e o que sempre ajuda nessas horas, caso haja o perigo de uma saia ou uma calça parecer muito apertada. Há uma regra imprescindível para todas aquelas que desejam perder um quilinho aqui e ali, e bebidas especiais que ajudam a manter a forma. Exercícios devem ter sempre um lugar em sua vida e quanto mais regulares, melhor!

## QUE ACONTECE NA QUINTA SEMANA?

As rédeas da dieta não estão mais tão puxadas, mas você não deve comer como nas semanas anteriores à mudança alimentar. Mesmo que já tenha perdido alguns quilos, os antigos costumes certamente não são os mais corretos — costumes esses que estavam vinculados ao rituais de fumante que você deixou para trás. Não considere a dieta apenas a saída para vencer a nicotina, mas a entrada em um novo estilo de vida, mais saudável e mais ativo. De forma muito concreta, você pode continuar a cura ainda por duas, até no máximo quatro semanas. Procure as semanas que você mais gostou e que mais lhe fizeram bem. Você também pode improvisar, retirando algumas receitas da dieta *Pare de fumar agora* e combinando com suas próprias. Porém, todas as receitas devem seguir determinadas regras:

- Mantenha as três refeições principais regulares. Estudos já comprovaram que dessa maneira menos calorias seguem para as células adiposas, ao contrário de quando se come muito e em horários irregulares.
- Não deixe que "beliscar" biscoitos e salgadinhos se torne um hábito — evite isso totalmente, pois em geral é mais fácil fazê-lo do que manter um controle contínuo da alimentação. Nesse período, use e abuse de suas frutas e legumes preferidos ou de iogurtes probióticos com baixo teor de gordura. Você pode também tomar um *caffé macchiato* (um café expresso misturado com uma pequena quantidade de leite quente com espuma). Pense sempre: cada vez que comer um doce entre as refeições, sua insulina vai aumentar — e ela vai empurrar as calorias para as células adiposas! Apesar disso, se alguma vez você não conseguir resistir, aproveite com consciência e em pequenas porções. Para compensar eventuais abusos como este, faça uma

corridinha extra ou suba e desça escadas, dispensando o elevador. Então, nada vai acontecer.
- Preste atenção às cinco porções de frutas e legumes do dia, devendo os legumes ter preferência. Isso contribui para a mastigação, preenche o estômago, a deixa saciada e em forma.
- O pão deve sempre ser integral, cujo consumo impede que o açúcar no sangue suba demais, como ocorre com o pão branco.
- Nada de bebidas adocicadas, que apenas alimentam as células adiposas.

## ASSIM SERÁ SEU DIA DAQUI PARA FRENTE

Talvez você tenha, dentre as opções de desjejum para as quatro semanas, aquele que é seu café da manhã preferido. Por isso, continue a tomá-lo. Você deve manter também sua salada diária com o molho da provisão, independentemente se for comê-la no almoço ou no jantar. Economiza um bom tempo (o molho é feito uma vez e dura para os sete dias) e a protege contra os molhos industrializados ricos em calorias. As refeições quentes devem sempre conter uma parcela generosa de legumes e componentes ricos em proteínas, como peixe, carne ou queijos magros. Quando preferir comer pães como refeição fria, tente combiná-los com legumes e coberturas ricas em proteínas.

Não importa se você fizer sua refeição quente no almoço ou no jantar. Contudo, o jantar deve ser mais rico em proteínas e no mínimo duas, de preferência três horas antes de você ir para a cama. O importante é que você se dê um tempo para suas refeições e desfrute-as bem.

## QUANDO O CORPO SE ADAPTA

Cada pessoa — inclusive os ex-fumantes, mesmo que o sejam há quatro semanas — tem uma referência, um peso que almeja, sobre o qual se equilibra. Quanto mais esse peso específico é mantido, com mais intensidade o corpo se adapta a ele. Por essa razão faz sentido manter esse peso de referência após deixar o hábito do cigarro, o que você vai conseguir com a dieta *Pare de fumar agora*, até o metabolismo ter se readaptado.

A maioria das pessoas precisa de um mês para se adaptar, outras levam até seis meses. Depende também dos exercícios, da idade e dos costumes. Porém, de nada adianta que você, a partir de agora tenha de viver os próximos seis meses com dieta restrita. Fique alerta! Nesta conturbada época em que vivemos, cada indivíduo precisa exercer um rígido controle do seu peso, ou por causa da excessiva oferta de alimentos supercalóricos, ou pela total falta de tempo para praticar esportes no dia a dia, quer em academias ou por conta própria. Porém, não pense o tempo todo nessas detestáveis calorias e não entre em pânico quando engordar. Sinta isso como um sinal de alerta ao qual você pode reagir.

## CUIDADO COM O EFEITO IOIÔ

É mais do que certo que você conhece pessoas que fizeram vários tipos de dieta e sempre voltaram a engordar. Não precisa nem deve ser assim. Durante as quatro semanas da dieta *Pare de fumar agora*, o nosso metabolismo é aquecido e ativado. E, ao mesmo tempo, os estoques de aminoácidos, sais minerais e vitaminas são abastecidos. Seu corpo e, sobretudo, suas pequenas usinas — as células —, não ficam de forma alguma com falta de alimento. O maior perigo está no momento em que você, de repente, parar de fazer a dieta e passar a alimentar-se normalmente, ou seja, de maneira incorreta. Sem dúvida, engordará.

De qualquer forma, para evitar ganhar peso você deve viver de modo diferente daquele que vivia antes de começar a dieta de quatro semanas do nosso programa. Vale também se livrar de hábitos não saudáveis e abrir-se para o novo, como parar definitivamente com o cigarro. Mesmo quando houver algumas "recaídas" na alimentação, cada dia se constitui em uma nova chance de recomeço. Você não ganhará peso no primeiro quilo ganho, mas nos próximos que vierem.

## REGRAS DE OURO PARA DIAS DE DIETA

Se perceber nas próximas semanas que calça começa a apertar um pouco, então deve apelar para uma semana de dieta restrita. Quem quiser montar seu próprio cardápio, independentemente das receitas recomendadas neste livro, deve atentar para o seguinte: limite os carboidratos, ou seja, pão, cereais, massas, arroz ou batata. Carboidratos "rápidos", como açúcar, devem ser evitados totalmente nessa semana. Não precisa ser tão cautelosa com legumes e alimentos proteicos magros, mas reticente também no caso das gorduras.

## Capítulo 6

# EXERCÍCIOS: FIQUE EM FORMA

# Programa de treinamento e relaxamento para ex-fumantes

Parar de fumar e manter o peso acontece de forma muito mais eficiente quando você pratica exercícios e aumenta a queima de calorias — para compensar as 200 calorias que deixou de gastar com a nicotina. Ficar afastado do cigarro seguindo este programa não lhe traz apenas a vantagem de mantê-la em forma praticando esporte, mas também lhe proporciona uma grande distração.

Para auxiliar o metabolismo de uma ex-fumante de forma objetiva e alcançar os melhores resultados possíveis da mudança alimentar de quatro semanas, a *personal trainer* Jessica Dörp, de Hamburgo, desenvolveu um programa de exercício e relaxamento fundamental que você poderá praticar dentro ou fora de casa, ao ar livre, sem precisar frequentar uma academia. Na primeira semana de treinamento, há uma sequência de exercícios de resistência que é ótima para a digestão, colocando todo o seu organismo em movimento. Uma sequência de força foi preparada para a segunda semana — aqui seu metabolismo será "incendiado". Nas semanas seguintes, exercícios de relaxamento e respiração a ajudarão a desintoxicar-se e a aumentar sua defesa imunológica.

Caso você conclua que na segunda semana faltou um treino de resistência maior, além do treino de força do programa, poderá repeti-lo, sem problemas. E se sentir necessidade de praticar exercícios de respiração ou meditação logo no início, de forma adicional, fique à vontade.

## I ª SEMANA
### Treino de resistência para a semana da digestão

Um treino de resistência queima calorias, estimula o metabolismo e, com isso a digestão. Por esse motivo é o programa de acompanhamento ideal para a primeira semana do ex-fumante, na qual o plano de alimentação programado trata principalmente de tomar as rédeas do metabolismo digestivo.

Quem teme engordar ao deixar a nicotina pode impedir cada quilinho indesejável com um treinamento cardiocirculatório moderado, uma combinação de corrida e caminhada. Contudo, antes de lançar algumas sugestões e exercícios concretos, é especialmente importante para as ex-fumantes ficarem alertas, outra vez, sobre alguns processos em curso no corpo:

- Essencialmente, o consumo de energia deve ser aumentado para que o metabolismo do tecido adiposo entre em ação. Ou seja, se você irá manter o peso ou engordar um pouco no decorrer do tempo, vai depender se irá consumir ou gastar mais calorias.
- Caso seu metabolismo esteja entrando em ação apenas uma vez por atividade esportiva, trabalhará em seguida por até dez horas a mais que antes. Ou seja, vale a pena transpirar fazendo exercícios.

- Muitos afirmam que a queima de calorias começa apenas após 30 minutos de exercícios. Porém, isso é um engano. Logo após os primeiros minutos, tanto a gordura quanto os carboidratos são utilizados como fontes de energia pelo corpo. Na verdade apenas com atividades mais duradouras ele pode mudar de um metabolismo de carboidratos para um metabolismo do tecido adiposo. Isso significa que, em um treino de resistência regular com unidades de exercícios mais longos (30 minutos ou mais), o corpo aprende a retirar mais energia da gordura. Por isso ele acelera a quebra da gordura própria do corpo. Contudo, atenção: quem até agora era sedentária não deve fazer 30 minutos de atividade de imediato. Bastam 15 minutos.
- Para determinar a intensidade de um treinamento, já como iniciante, a frequência cardíaca é decisiva. O metabolismo do tecido adiposo estará especialmente ativo quando ele estiver na faixa de pulsação de 60% a 70% da frequência cardíaca máxima. Para calcular de forma ideal a frequência de treinamento para mulheres, você deve partir de uma frequência cardíaca de 226 menos sua idade. Para os homens, 220 menos a idade. Utilize um monitor de frequência cardíaca (pode ser adquirido em qualquer loja de produtos esportivos) para treinar seus níveis de intensidade pessoal.

Este é o formato exato do programa de exercícios: se começar com o treino de corrida, perceberá muito rapidamente como sua digestão também entrará nos eixos. Seu metabolismo é ativado e envia o sinal ao seu corpo para trabalhar um pouco mais rápido do que no estado de repouso. É importante que você apenas caminhe no segundo dia (terça-feira) para não sobrecarregar seu corpo e, consequentemente, estimular a digestão de maneira especial.

## PLANO SEMANAL

### *Segunda-feira*

| | *Para avançadas:* |
|---|---|
| 1 minuto de corrida<br>+ 2 minutos de caminhada (5 ciclos)<br>= 15 minutos | 2 minutos de corrida<br>+ 4 minutos de caminhada (5 ciclos)<br>= 30 minutos |

### *Terça-feira*

| | *Para avançadas:* |
|---|---|
| 15 minutos de caminhada | 30 minutos de caminhada |

### *Quarta-feira*

| | *Para avançadas:* |
|---|---|
| 2 minutos de corrida<br>+ 2 minutos de caminhada (5 ciclos)<br>= 20 minutos | 4 minutos de corrida<br>+ 4 minutos de caminhada (5 ciclos)<br>= 40 minutos |

### *Quinta-feira*

| | *Para avançadas:* |
|---|---|
| 4 minutos de corrida<br>+ 2 minutos de caminhada (5 ciclos)<br>= 30 minutos | 6 minutos de corrida<br>+ 4 minutos de caminhada (5 ciclos)<br>= 50 minutos |

### *Sexta-feira*

| | *Para avançadas:* |
|---|---|
| 30 minutos de caminhada | 45 minutos de caminhada |

### *Sábado*

| | *Para avançadas:* |
|---|---|
| 6 minutos de corrida<br>+ 2 minutos de caminhada (5 ciclos)<br>= 40 minutos | 10 minutos de corrida<br>+ 4 minutos de caminhada (5 ciclos)<br>= 1 hora e 10 minutos |

### *Domingo*

Descanso

Após o treino de resistência, um alongamento dos músculos sempre faz bem, importante para evitar a contração da musculatura das pernas e obter uma sensação física saudável de modo geral. Aqui o importante é: começar um exercício devagar, manter por 20 a 30 segundos e liberar a distensão também devagar.

*Exercício 1*
### Flexor
Fique em pé, flexione a perna direita à frente e apoie o pé com o calcanhar. Flexione ligeiramente a perna esquerda, incline o corpo para frente com as mãos apoiadas na perna direita. Arrebite o bumbum como se quisesse mover uma cadeira atrás de você. Com esse exercício, você sentirá a distensão na parte traseira da perna. Repita o exercício algumas vezes, alternando, em seguida, para a perna esquerda.

*Exercício 2*
### Musculatura interna da coxa
Estique a perna esquerda para o lado e flexione a perna direita para a frente. O joelho não pode ultrapassar a ponta do pé. A perna esquerda continua estendida e a ponta do pé apontando para frente. Abaixe o tronco, apoie-se com as mãos sobre a perna direita e sinta a distensão da musculatura interna da perna esquerda. Repita o exercício algumas vezes, alternando para a perna esquerda.

> *Exercício 3*
> **Distensor**
> Em pé, segure o calcanhar direito com a mão direita e puxe-o na direção do bumbum. A perna de apoio deve estar ligeiramente flexionada, a mão esquerda apoiada na cintura e os quadris projetados para frente. Force o pé direito para mais perto do bumbum e gire o joelho no sentido anti-horário por 3 vezes. Os joelhos devem permanecer na mesma altura, e a parte posterior da coxa, contraída. Repita o exercício algumas vezes, alternando para a perna esquerda.

## 2ª SEMANA
### Treino de força para afinar o metabolismo

Como a proteína tem a função de auxiliar a constituição muscular no corpo, o programa de exercícios na semana de proteínas e temperos fortes foi concebido para que a concentração seja em um treino de força balanceado.

Com a musculatura abdominal em funcionamento, você alivia as articulações e mostra uma postura ereta e saudável. Além disso, a queima de calorias ocorre nas células musculares, as usinas de força de nosso próprio corpo. Assim, quanto mais musculatura tivermos, mais gordura também pode ser eliminada.

No exercício a seguir, você poderá começar com um treino de uma só sequência (uma sequência pelos exercícios abaixo e repetições). No decorrer da semana, já com uma resistência um pouco maior, haverá um treino com mais sequências, ou seja, você pode aumentar o ritmo do treinamento com três sequências de repetições.

*Exercício 1*
## Fortalecimento da musculatura da perna usando uma cadeira

Sente-se na beirada de uma cadeira com o corpo ereto, murchando bem a barriga em direção à coluna vertebral. As mãos permanecem pousadas sobre as coxas. Abra bem as pernas, com a ponta dos pés direcionada para fora sem tocar os calcanhares no chão. Curve o tronco para frente, em seguida "pressione" os calcanhares no chão e faça um movimento de "espreguiçar-se" até esticar totalmente as pernas. Depois faça o movimento contrário, como se quisesse sentar-se. *Importante*: preste atenção para que o joelho esteja sempre pressionado para trás e o bumbum e o centro do corpo permaneçam encaixados. No ato de esticar as pernas, expire, ao flexioná-las, inspire.

*Exercício 2*
## Fortalecimento dos seios usando uma mesa

Procure uma mesa bem firme em sua casa. De frente para ela, apoie as mãos na borda de um dos seus cantos, com os polegares fixados na parte inferior da mesa . Afaste os pés o mais longe que puder, de maneira que fique apoiada apenas na ponta dos pés. Os pés devem estar distanciados um do outro, o equivalente à largura dos quadris, apontados para frente. Prenda a respiração por alguns segundos, murchando a barriga em direção à coluna vertebral, e abaixe ligeiramente os quadris. Vá dobrando os braços devagar, até a ponta do nariz quase tocar o tampo da mesa. Em seguida, levante vagarosamente o corpo. *Atenção*: não estique completamente os braços. Inspire ao dobrar o braço, expire ao esticá-lo.

*Exercício 3*
## Fortalecimento da musculatura das costas usando uma maçã

Deite-se confortavelmente de barriga para cima sobre um carpete ou um tapete macio. Abra bem as pernas, apontando os pés para fora. Estique os braços para frente, segurando uma maçã na mão direita. Murche a barriga e tencione o assoalho pélvico (imagine-se segurando o xixi, assim trabalha o assoalho pélvico). Então, levante os braços e o tronco do chão e leve os braços para trás, na direção do bumbum, passando a maçã da mão direita para a mão esquerda. Em seguida, passe-a da mão esquerda para a direita. Repita este movimento mais 2 vezes e descanse. Quando se sentir apta, triplique os ciclos.

*Exercício 4*
## Fortalecimento da musculatura abdominal usando um sofá

Deite-se de costas no chão, em frente a um sofá, de forma que suas pernas fiquem sobre as almofadas. As costas devem estar sobre uma superfície macia (um edredon, por exemplo, colocado no chão), devendo formar, entre a coxa e a perna, um ângulo de quase 90°. Agora, apoie os braços atrás da cabeça, murche ligeiramente a barriga e tencione o assoalho pélvico. Eleve lentamente o tronco de forma que apenas as escápulas (omoplatas) fiquem tocando o solo. Essa é sua posição de saída. A partir daqui, eleve o tronco para frente o mais que puder. Em seguida, sempre devagar, volte para a posição de saída. Preste atenção: sua cabeça deve estar bem relaxada em suas mãos, e o esforço de elevar-se deve partir da barriga e não dos braços. Expire e inspire ao elevar e abaixar o tronco.

## 3ª SEMANA
## Meditação e relaxamento para desintoxicação interna

Para não enfraquecer o corpo, ainda mais na fase de desintoxicação, o programa de exercícios é configurado de tal forma que a atenção é voltada ao equilíbrio emocional. Corpo e mente em paz, fontes de energia ativadas.

Procure um lugar agradável para praticar os exercícios de meditação e providencie uma roupa adequada para tornar seu corpo aquecido, mas confortável. O ideal seria usar uma calça de agasalho e uma camiseta larga. Para fazer o exercício, deite-se no chão de barriga para cima. Se não tiver um colchonete fino em casa, utilize um tapete. Caso você sofra de dores nas costas, coloque um travesseiro sob os joelhos. Você deve permanecer nessa posição por 20 minutos.

Programe para esse tempo um despertador que sinalize baixinho quando o tempo terminar. Peça também a uma amiga que grave o seguinte texto em uma fita-cassete. Assim você poderá ouvi-la durante a meditação:

"Volte sua atenção para seu interior e deixe-se levar pela sua respiração. Deixe sair a cada expiração o que gostaria de expulsar de seu corpo e nutra-se daquilo que mais precisa a cada inspiração. Perceba todos os pensamentos que vierem e deixe-os flutuar como nuvens no céu que surgem e desaparecem a todo momento. Agora, perceba como você está deitada no chão. Sinta quais partes de seu corpo tocam o chão e quais não tocam. Imagine-se deitada na areia. Que marca deixará ali? Como você sente seus pés? As pernas, os quadris, a coluna? Como os ombros se encostam ao chão, os braços? Sua cabeça se sente pesada? Como exatamente ela toca o chão?

Enquanto você relaxa cada vez mais profundamente, imagine como sua expressão no rosto está mais suave, os traços do rosto mais leves, as pálpebras macias, os músculos do rosto relaxados, de forma que sua boca fique entreaberta. Sua respiração nesse momento está fluindo mais forte. Talvez consiga perceber o quanto está relaxada e como um sentimento de bondade se espalha em você. Aproveite essa sensação, o momento de ser livre. Livre do impulso de fumar um cigarro."

## 4ª SEMANA
### Forças de imunidade reforçadas pela respiração consciente

> Para auxiliar o corpo na fase de intensificação de sua imunidade, a concentração está toda voltada à respiração. Uma respiração profunda e consciente promove o fluxo de energia ideal e auxilia a atividade pulmonar. Onde a energia consegue fluir existe saúde, onde ela é bloqueada manifestam-se diversas doenças.

Uma respiração ativa fornece ao corpo não apenas oxigênio, mas aquece nossa musculatura e relaxa as articulações. Assim, nossa coluna vertebral é energeticamente mobilizada com todas as suas vértebras, podendo o corpo relaxar mais facilmente. Dessa maneira, o tronco do seu corpo é todo fortalecido. Os músculos do abdômen, das costas e dos quadris ganham força. Em uma frase: você fica mais centrada.

Com a prática do exercício respiratório intensivo você vai aprender a receber energia e utilizá-la de forma benéfica para continuar sem fumar e manter a forma. Os exercícios que se seguem são como uma pequena pausa para reflexão. Perceba que conseguiu parar de fumar e não engordou nem um quilo sequer. Pode ficar orgulhosa de si mesma!

## A VIAGEM AO SEU INTERIOR

1. Procure um lugar tranquilo e sente-se confortavelmente em uma cadeira. Antes de iniciar a meditação, ajuste um despertador (que soe baixinho) que lhe trará de volta à realidade dentro de cinco minutos. Deixe seu tronco ereto, alongando a coluna, e mantendo a caixa torácica um pouco levantada. Deixe os ombros relaxados e apoie com firmeza os pés no chão. As mãos permanecem pousadas sobre as coxas. Agora, feche os olhos e sorria.
2. Deixe-se levar por sua respiração e sinta como ela vai e vem. Volte-se para dentro de si mesma, até a região do abdômen, onde não há mais calafrios. Sinta como eles ressurgem com a respiração. Sua barriga fica aquecida e uma sensação de formigamento se espalha na região. Quando mais profunda for sua respiração, mais essa sensação boa inunda seu corpo.
3. Perceba todos os pensamentos e sentimentos que surgirem em sua mente, sem se incomodar com eles.
4. Quando ouvir o som do despertador, termine a meditação de forma consciente — e com o conhecimento

de que todo o necessário você já possui. Massageie suavemente a cabeça e o rosto três vezes. Abra os olhos e se espreguice. Deixe a respiração ir e vir; deixe que os calafrios na barriga simplesmente sumam, mesmo quando você voltar para o seu dia a dia.

## QUE FAZER APÓS AS QUATRO SEMANAS?

Você conseguiu terminar as primeiras quatro semanas sem fumar um só cigarro e não engordou! Um grande feito! E percebeu como o programa de exercícios e relaxamento a fizeram sentir-se bem e melhorou a sua resistência física — também nos demais objetivos que você se assumiu. Se teve prazer com os exercícios propostos aqui, talvez tenha pensado em como ampliar o programa, especialmente na área de força e resistência. Então os seguintes estímulos são feitos exatamente para que você continue a seguir este caminho recém-descoberto. Para continuar os exercícios de relaxamento, você deve procurar orientação com um especialista em ioga ou em programa de relaxamento muscular progressivo.

## INTENSIFICAÇÃO DO TREINO DE FORÇA

Os exercícios de força a seguir são destinados para que, muitos músculos em seu corpo sejam ativados, assim como seu sistema cardiorrespiratório. Ou seja, você ganha músculo e se livra da gordura!

*Exercício 1*
## Agachamento usando uma cadeira

Fique em pé atrás de uma cadeira com encosto alto, da largura de sua cintura, e segure-a com ambas as mãos. Posicione a perna direita para trás e a esquerda na frente. Com o tronco ereto e alongado, a musculatura abdominal ligeiramente contraída, vá abaixando os quadris até onde puder, deixando a ponta do pé direito tocando o chão. O pé esquerdo fica posicionado todo no chão. O ponto de equilíbrio do corpo nesse movimento fica um pouco deslocado para trás, ou seja, na perna que fica atrás. A perna esquerda que também está dobrada tem um ângulo de 90° entre a coxa e a panturrilha. Agora, lentamente, comece a levantar-se, voltando à posição inicial. Repita o exercício, invertendo a posição das pernas. Inspire ao fazer o movimento de perna para trás e expire ao movimentá-la pra frente. (Faça 3 sequências de 10 repetições, alternando as pernas.)

*Exercício 2*
## Flexão sobre o tapete

A posição inicial deste exercício é a de quatro apoios, ou seja, os joelhos entreabertos na largura dos quadris e as mãos afastadas uma da outra na largura dos ombros. Tencione os músculos abdominais, com as costas retas e alongadas. O rosto olhando para o chão, a ponta do pé levemente para dentro. Agora flexione os braços e aproxime o nariz do tapete, inspirando. Ao expirar, estique os braços quase totalmente e traga o corpo novamente à posição inicial (3 sequências com 10 repetições).

Caso este exercício fique leve depois de algum tempo, você pode modificá-lo, colocando suas mãos não mais embaixo dos ombros, mas um pouco para frente. Quanto mais você afastar as mãos para frente, mais para baixo ficará sua cintura, até as costas e o bumbum formarem uma reta e o peso de seu corpo ficar principalmente sobre suas mãos. Você inspira ao flexionar os braços e levar a ponta do nariz até o tapete, e vai expirar ao esticar os braços e trazer seu tronco novamente à posição inicial (faça 3 sequências com 10 repetições).

## INTENSIFICAÇÃO DO TREINO DE RESISTÊNCIA

O treino de resistência deve ser montado por você nas semanas seguintes — sempre em combinação com o treino de força —, de forma que as fases de corrida se estendam cada vez mais e as fases de caminhada diminuam. O tempo de corrida deve ser de 40 a 60 minutos ininterruptos, seja leve ou moderada, seguindo o lema: "Correr sem ofegar!".

Claro que o programa de exercícios propostos abaixo não precisa ser seguido religiosamente. De duas a três vezes por semana já está bom. Você precisa apenas treinar com regularidade. E não se esquecer de que após cada corrida deve fazer os alongamentos do nosso programa.

Nas próximas semanas você pode esquecer o plano da primeira semana e prosseguir com o programa a seguir:

### *Segunda-feira*

6 minutos de corrida
2 minutos de caminhada (5 ciclos)
= 40 minutos

## Terça-feira

8 minutos de corrida
2 minutos de caminhada (5 ciclos)
= 50 minutos

## Quarta-feira

40 minutos de caminhada

## Quinta-feira

8 minutos de corrida
1 minuto de caminhada (5 ciclos)
= 45 minutos

## Sexta-feira

45 minutos de caminhada

## Sábado

9 minutos de corrida
1 minuto de caminhada (5 ciclos)
= 50 minutos

## Domingo

Descanso

# Agradecimentos

Agradecemos a Lianne que nos apoiou, com seu envolvimento pessoal, para que levássemos esse projeto adiante, e a nossa orientadora Regina Carstensen.

Um agradecimento especial ao professor Anil Batra, a Jessica Dörp e a todos os outros especialistas que no período de criação do livro dispuseram de bastante tempo e empenho para responder as nossas muitas perguntas.

**LIVRE DO CIGARRO**
foi impresso em São Paulo/SP, na Araguaia Indústria Gráfica, para a Larousse do Brasil
em novembro de 2011.